# 写真集 明治の記憶
● 学習院大学所蔵写真 ●

学習院大学史料館 編

吉川弘文館

1　紫宸殿　紫宸殿は、京都市上京区にある京都御所の正殿で即位などの大礼の場として使用された。現在の紫宸殿は、安政元年（1854）罹災の翌年に再建されたもので、明治天皇は東京遷都後も京都での御滞在所として京都御所を使用し、紫宸殿を経て御座所とされた常御殿や御学問所に入った。本図は明治10年（1877）京都行幸時の撮影で、前面に脱帽した洋装の人物が左右に直立し、殿中央に垂れ幕が下がるので、明治天皇入御直後と推定される。

2　四条橋　京都市の四条通と鴨川と交差地点にかけられた橋で、一名祇園橋とも呼ばれ、祇園八坂神社の神幸で知られる。本図は明治10年（1877）京都行幸時の撮影で、明治7年4月に架け替えられた鉄橋であり、橋上に紅白のガラス燈8本が建てられている。

3 二条城 京都市中京区の二条城は、慶長6年(1601)徳川家康築城、寛永元年(1624)徳川家光が拡張整備した。明治10年(1877)の撮影で、西南櫓から南面を望む。

4 大坂城 大阪市中央区の大坂城は、豊臣秀吉築城、大坂夏の陣で焼失後、江戸幕府が修築した。図は城西側からの撮影で、二の丸乾櫓・京橋口門・伏見櫓がみえる。

5　知恩院山門　京都市左京区の浄土宗総本山の知恩院は、江戸時代に宮門跡を迎えて隆盛した。明治5年（1872）大阪・中国・西国巡幸中の明治天皇は博覧会開催中の知恩院に行幸した。

6　住吉ノ反橋　奈良時代の社殿建立を伝える大阪市住吉区の住吉大社の反橋。明治10年（1877）2月、明治天皇は神武天皇陵参拝後、堺を経て住吉大社に参詣した。

7 　天王寺ノ塔　大阪市天王寺区にある四天王寺は聖徳太子創建と伝え、中門・塔・金堂・講堂が南北に並ぶ伽藍配置をとる。本図は、明治10年 (1877) 明治天皇の大阪巡幸中の撮影とみられ、中門回廊越しに五重塔がみえる。この五重塔と中門は昭和9年 (1934) 9月の室戸台風で倒壊した。

8　大坂造幣寮　大阪市北区にある造幣寮は、明治初年以来近代的設備機器によって貨幣の鋳造等にあたってきた。明治天皇最初の巡幸にあたる明治5年(1872)の大阪・中国・西国巡幸では、その応接所が行在所となり、「泉布観」号を賜わった。本図は、再度行在所に使用された明治10年2月の撮影で、大川(旧淀川)対岸からの造幣寮全景。

9　大坂川口ノ景　淀川治水のために、貞享元年(1684)に河村瑞賢が淀川最下流部を開削して直進流路とした安治川は、大阪市中に直進できるため、その河口には多くの船舶が出入りし、諸国の問屋・船宿が集中していた。明治10年(1877)の大阪巡幸時と推定される写真は、河口の船着場(大阪市港区)の景で、蒸気船が接岸する向こうには洋館がみえ、周囲に和船の帆柱が林立している。

10　阿賀野川　北陸・東海両道巡幸の途中で明治天皇一行は、明治11年（1878）9月19日新潟を出発、信濃川を舟で渡り、阿賀野川を新設の舟橋（長さ約300間≒540m）を肩輿で渡御して、新発田に向かった。本図は渡御直後の新潟側からの撮影とみられ、舟橋の対岸の新崎村に人々が蝟集し、幕をめぐらした家屋がみえる。

# 写真集 明治の記憶

## ―学習院大学所蔵写真―

## はじめに

　学習院大学史料館では、平成16年度に社団法人昭和会館の助成を受けて、「時代を描く写真史料の保存と活用について」という研究テーマに取り組み、報告書『幕末明治の古写真─激動の時代を生きた人々─』、『学習院大学史料館紀要』第13号（平成17年3月）を発行しました。そして今回、掲載図版を大幅に増やし解説を付して、『写真集 明治の記憶』を刊行する運びとなり、これはひとえに当館の岡田茂弘客員研究員のご尽力とご指導の賜物といえます。ここに岡田先生に感謝の意を表したく思います。

　本写真集には、学習院大学図書館・大学史料館収蔵のコレクションの中から、明治期の写真437点を選択し掲載しております。「明治天皇巡幸写真」「郡司成忠海軍大尉・報效義会写真」は一部上記報告書・紀要にて公表済みですが、それ以外は未公開であり、とくに「明治35年八甲田山第三十一連隊雪中行軍写真」は、雪中から無事帰還された連隊長より寄贈されたものであります。

　いずれも貴重な明治の古写真ですが、それらが配列され編集されたことで、様々な解釈作業が可能となります。例えば、巡幸写真に、なぜその土地を背景にした天皇の写真がないのでしょうか。天幕内から催し事を天覧される遠景写真はあっても、その姿は見えません。巡幸とは、内裏の奥深くにいた不動の天皇が、その聖なる身体を現前させることによる政治的効果を狙ったものですが、写真に天皇の姿はなく、その場にいた当時の人々もその姿を間近く見ることはなかったはずです。ここにある写真の多くは、天皇自身でなく、巡幸場所の景やそこでの出し物を写しています。いわばこれは、各土地の人々が天覧に供したものの記録、＜国見＞による全国支配の記録なのではないでしょうか。もちろん、それが天皇が実際に見た景なのか、天皇の目線からの撮影なのか、という問題はありますが---。またこのような巡幸する天皇像とは、明治大帝に限らず、実は古代天皇や後醍醐帝のパフォーマンスでもあり、戦後の昭和天皇の動きをも含めて、ここに「移動する中心」とでもいうべき問題域が天皇制の深層にあることも解ります。

　本写真集から時代を解読することの楽しさは汲めども尽きぬものがあります。多くの方々にお楽しみいただけることを切に望む次第であります。

　　　平成18年5月

学習院大学史料館長

神　田　龍　身

# 目　次

口　絵

　はじめに

　解　説

| | | |
|---|---|---|
| 1 | 明治 5 年明治天皇大阪・中国・西国巡幸写真 | 1 |
| 2 | 明治 9 年明治天皇東奥巡幸写真 | 13 |
| 3 | 明治10年明治天皇畿内行幸写真 | 27 |
| 4 | 明治11年明治天皇北陸・東海両道巡幸写真 | 43 |
| 5 | 明治13年明治天皇山梨・三重両県巡幸写真 | 59 |
| 6 | 明治14年明治天皇北海道・出羽巡幸写真 | 61 |
| 7 | 明治21年福島県磐梯山噴火写真 | 69 |
| 8 | 明治24年濃尾大地震被害写真 | 71 |
| 9 | 明治26・29年郡司成忠海軍大尉・報效義会写真 | 97 |
| 10 | 明治32年頃江田島海軍兵学校写真 | 121 |
| 11 | 明治35年八甲田山第三十一連隊雪中行軍写真 | 129 |
| 12 | 明治42年島根県美保神社写真 | 133 |
| 13 | 明治42年大阪市北区大火被害写真 | 137 |
| 14 | 明治43年東京等大水害写真 | 149 |
| 15 | 明治44年北海道室蘭日本製鋼所写真帖 | 195 |
| 16 | 明治44年東北帝国大学農科大学博物館写真帖 | 215 |

　参考文献一覧　……　225

　掲載写真一覧　……　226

　あとがき

# 解 説

　『写真集 明治の記憶』に紹介する写真群は、学習院大学図書館と学習院大学史料館が収蔵する写真史料のうち、明治5年（1872）〜同44年の各地風景、災害を題材としたもの、陸軍・海軍関係の記録写真等を選択し掲載している。収蔵別にいえば旧図書館収蔵190点、旧歴史地理標本室収蔵191点、史料館収蔵の郡司成忠資料56点の総計437点である。

　学習院大学になぜ大量の写真が収蔵されているのか。それは学習院の来歴と図書館の変遷に由来する。その概略を記しておく。

　**学習院の沿革**　学習院は弘化4年（1847）、公家のための学問所として京都御所脇に創設されたことをその淵源とする。京都学習院は創設時より書籍の整備に力を注いだとされる。開講前年の弘化3年、孝明天皇より五経古註をはじめとする漢籍と日本書紀などの国書等が下賜され、その他、摂関家などからも書籍の寄贈があったという。この京都学習院の蔵書は慶応3年（1867）には7200冊に達していたとされ、そのうち1535冊が学習院大学図書館に引き継がれて現存する。

　京都学習院は明治3年（1870）にその役割を終えて閉鎖されるが、同10年華族会館により華族子弟のための教育機関としての「学習院」が東京神田に設立されて再生する。学習院開校にあたり華族会館、有栖川宮家などから書籍の寄贈があり、同13年には京都学習院時代の書籍の寄贈も受け、開校時には1万6千冊余の蔵書群が形成されていた。同16年には図書館の前身である「書器局」が落成し、蔵書群はこの組織のもとに整備が進められた。その後徴兵令改定で、私立学校在校生の徴兵猶予が認められなくなったため、同17年、学習院は宮内省の所管となった。

　**学習院書器局から図書館へ**　明治19年（1986）、神田学習院の建物内から火災を発生、教室・事務室などは焼失したが、書器局は火災を免れた。同21年には校地は虎ノ門へ移転し、さらに同23年には四谷へと移った。虎ノ門校舎配置図においては「書器局」は「図書館」と記されるようになっている。その後同27年に関東地方でおこった大地震のために四谷校舎も罹災し、一部校舎は使用できなくなった。

明治42年時の学習院図書館
（現史料館）

　同41年、学習院は目白へ校地を移転、翌年には校地の中央に木造洋風建築の図書館が完成した。大正12年（1923）の関東大震災、昭和20年（1945）の空襲により校舎の一部は焼失したが、図書館は難を逃れた（ただし書庫の一部は罹災）。

　第二次世界大戦後の同22年、敗戦による社会変動のなか、学習院は宮内省による運営から私立学校としての経営と大きな体制変更を遂げるが、明治41年に校地を目白に移して以来、同地を離れておらず罹災を免れた図書館では京都学習院、旧制学習院（以下、私立学校となる以前をここでは旧制学習院とよぶ）の教材を含む蔵書群を継承している。このように様々な歴史の刻印が刻まれた蔵書群を保持している学校組織はそう多くはない。

**旧制学習院歴史地理標本室**について　現在図書館には、旧制学習院時代に教材として収集した写真・絵葉書・絵画・地図・拓本・掛図等の資料が相当量収蔵されている。これらの教材史料には、旧制学習院時代の歴史地理課の附属施設である歴史地理標本室に保存されていたものが相当数ある。

　歴史地理標本室設置の背景には、明治23年に「学習院学則」が制定され、歴史教育が特に重視されたことが考えられる。この頃、白鳥庫吉により日本ではじめて歴史地理課の授業で東洋史が教授されるようにもなった。開室時期は不明であるが、大正4年（1915）発行の『大礼奉献学習院写真』には標本室の写真が掲載されており、それ以前の開室であることは確かである。

　歴史地理標本室の収蔵品の内容と件数については、図書館所蔵『標本原簿』から知り得る。『標本原簿』によれば史料の受け入れは「歴史」は大正2年3月15日の「御紋章入三ツ組銀盃（故乃木院長遺物）」に始まる（ただし登録は大正12年震災後に一括してされた可能性が高い）。そして昭和19年（1944）「満蒙の喇嘛教美術（支那文化史蹟2）」まで受け入れ総数は222件を数える。「地理」は大正12年5月1日「温突」から昭和14年5月12日「日本水産地図」まで324件計546件の登録が確認できる。

**史料館収蔵の歴史地理標本室資料**　昭和24年（1949）、私立学校となった学習院は大学を開設

し、旧制学習院中・高等科が使用していた建物を大学が使用することとなった。組織、施設ともに歴史地理標本室は解体され、その収蔵品は新制中・高等科、図書館などへ移動された。

昭和55年、旧図書館の建物を使用して史料館が開館。旧歴史地理標本室の資料の一部は図書館に移らずそのまま史料館に収蔵されることになった。これらの残されていた大型資料（高松宮下賜アバイ模型など）、その後図書館より史料館へ移管された資料を含めて調査し、平成10年（1998）『旧制学習院歴史地理標本室移管資料目録』を発行した。この目録に掲載している資料は320件であるが、その後も調査を続けた結果、同18年3月現在で351件の旧歴史地理標本室資料を史料館は所蔵している。現在も調査中のものもあり、今後資料件数はさらに増加すると思われる。

**本書掲載写真群の来歴**　学習院図書館・史料館所蔵の古写真には日本・世界の文化財関係写真、風俗・民俗関係写真、軍事関係の写真など多種多様なものがある。時代も明治・大正・昭和にわたり、入手経路も皇族・華族家よりの寄贈、軍関係者からの寄贈、購入など多岐である。図書館所蔵分のものだけでもその数は3700点余にのぼる。

これらは長年にわたり学習院の教材として収集されたものであるが、今回は明治時代のものに掲載を限定している。これらの写真は明治期の「教育史料」の実体を現在に伝えるものであり、かつ「明治の世相」を伝える一級の史料であるといえよう。

また『明治の記憶』という本写真集の題名に相応しい資料として、史料館収蔵史料から海軍大尉郡司成忠史料を掲載した。これは「教育史料」のカテゴリーから外れるが、北進南進論にゆれる日清・日露戦争期の明治の政治・経済・軍事資料としてやはり一級の資料であるといえよう。

**本書掲載写真群の内容**　各写真群の冒頭解説で、その来歴・内容について述べているが、ここに簡単にまとめて記しておこう。

「明治天皇巡幸写真」は学習院大学図書館所蔵の台帳『物品簿　図書　写真』で「地方風景」として登録されている一群である。これらの写真は、同一被写体写真が東京国立博物館、宮内庁書陵部、社団法人霞会館等に所蔵されていること、いずれの写真群も明治天皇巡幸に際し撮影されたものであること、が判明している。なお宮内庁書陵部所蔵分のいくつかは『明治の日本―宮内庁書陵部所蔵写真―』（吉川弘文館、2000年）ですでに公表されている。ただし若干の異同が認められる。これに加えて旧制学習院では「地方風景を学生に教授する際の教材」として、入手

している点が興味深い。写真の登録年は明治39年である。もっともこれは同年6月30日付けで、それ以前所蔵の写真をまとめて登録（登録番号74〜303）しているので、正確な入手時期は不明である。登録は旧五畿七道順（山城国＝京都が最初）、街道別に分類・配列されている。このなかに磐梯山噴火写真（明治21年の磐梯山噴火直後に撮影）も組み込まれている。

「明治24年濃尾大地震被害写真」は登録番号9〜73を付与され「明治廿四年尾濃震災後写真」として一括登録されているが、子細に検討すると別々の発行所から刊行された2種類の写真群で構成されていることが判明する。

「郡司成忠海軍大尉・報效義会写真」は史料館受託資料である。全56点を掲載するが、人物・帆船・自然（千島列島・カムチャッカ半島）と素材は大きく三つに分かれる。

「江田島海軍兵学校写真」、「八甲田山第三十一連隊雪中行軍写真」、「島根県美保神社写真」はそれぞれ陸軍大尉花房太郎、第三十一連隊隊長、乃木希典より寄贈されたものである。

「大阪市北区大火被害写真」（絵葉書）、「東京等大水害写真」（絵葉書）、「北海道室蘭日本製鋼所写真帖」、「東北帝国大学農科大学博物館写真帖」は高松宮宣仁親王下賜の絵葉書アルバム・写真帖である。高松宮宣仁親王は、大正天皇第三皇子で大正9（1920）年に学習院中等科を3学年で修了、海軍兵学校へ進学した。大正12年関東大震災により歴史地理標本室資料が焼失したことから同年12月5日、各地写真帖37件、図書7件、絵葉書帖11件、模型3件、標本19件など84件を下賜した。今回掲載した絵葉書、写真帖はこの下賜資料中のものである。

今回掲載の各写真一覧は巻末に掲載した。

本書で各写真に付したタイトルは原タイトルによったが、付されていない写真には[　]を入れ適宜付した。旧字体は適宜新字体に改めた。

（長佐古美奈子）

# 1　明治5年明治天皇大阪・中国・西国巡幸写真

　明治天皇は、90回以上各地に巡幸し、その足跡は沖縄県を除く全国に及ぶ。なかでも明治5年(1872)の大阪・中国・西国巡幸、同9年の東奥巡幸、同11年の北陸・東海両道巡幸、同13年の山梨・三重両県等巡幸、同14年の北海道・出羽巡幸、同18年の山陽道巡幸は、長期間の巡幸として「六大巡幸」と称されている。これらの巡幸には写真師が随行して、明治天皇が視察した風景・事物や、行程・天候の都合で割愛や代理者の派遣で済ました事物等を写真撮影していた。随行写真師撮影写真の全容は未だ不明だが、一部が東京国立博物館・宮内庁書陵部・社団法人霞会館等に所蔵され、明治初期の日本各地を記録した撮影年代を特定できる写真群として高く評価される。学習院大学図書館にも、部分的ながらも明治5年度巡幸から14年度巡幸までの写真が所蔵されている。

　明治5年5月23日、明治天皇は、参議西郷隆盛・陸軍少輔西郷従道らの太政官正院・大蔵省・宮内省・陸軍省・海軍省等の高官と近衛兵1小隊を率い、品川沖から軍艦龍驤に搭乗、随行の軍艦7隻と船舶2隻に諸員が分乗して、大阪並びに中国・西国巡幸(以下「大阪・中国・西国巡幸」という)に出発した。巡幸の直接の契機は、「軍備充実に伴い、天皇自らが艦船に御しての沿海巡覧を請う」陸軍省の「全国要地巡幸の建議」であったが、明治4年の廃藩置県の翌年に実施された艦隊での巡幸は、最初の巡幸であり、明治新政府の軍備充実と、統帥する明治天皇の権威を誇示するセレモニーであった。

　目的は、明治維新の原動力となった薩長等の旧西南諸藩や長崎等の視察、とりわけ急激な文明開化政策に批判的な旧薩摩藩、特に鹿児島に留まる島津久光の説得にあったことは、既に多くの識者により指摘されている。巡幸の日時・場所等は以下の通りである。5月25日三重県鳥羽港に到着。翌日伊勢神宮参拝。28日大阪着、30日京都御所の御学問所を御座所とし、6月2日孝明天皇後月輪東山陵を参拝、建仁寺・知恩院での京都博覧会・旧二条城内の京都府庁、京都府立中学校等に臨幸。4日大阪の造幣寮応接所に到着、同所に「泉布観」の号を下賜し、造幣寮・大阪府庁・大阪鎮台・開成所・大阪医学校等に臨幸した。巡幸地で地方官庁・軍事施設・学校等に臨幸、治政・教育状況等の聴取は、以降の例となった。7日再び軍艦龍驤で香川県小豆島・広島県鞆港を経て、10日山口県下関港に到着。14日長崎に到着、長崎県庁・長崎造船所に臨幸。18日熊本着、鎮西鎮台・旧熊本城・諸学校等に臨幸。22日鹿児島港着、鎮西鎮台分営内の行在所に7月2日まで滞在、島津久光の謁見、鎮台兵営・鹿児島県庁・本学校、紡績工場・大砲製造所等の旧薩摩藩以来の工場に臨幸したが、この間島津久光から14ヶ条にわたる治世への建白書が上られ、久光説得は失敗に終わった。7月2日鹿児島出航、香川県丸亀を経て、6日神戸に到着、兵庫県庁に臨幸。12日品川到着予定が、波浪が高いため横浜港で上陸、試運転中の汽車で還幸した。

　巡幸中の写真は、同行した写真師内田九一等の撮影によることが、東京国立博物館・霞会館所蔵写真で知られており、学習院所蔵写真も同様で、すべて鶏卵紙に印画されている。

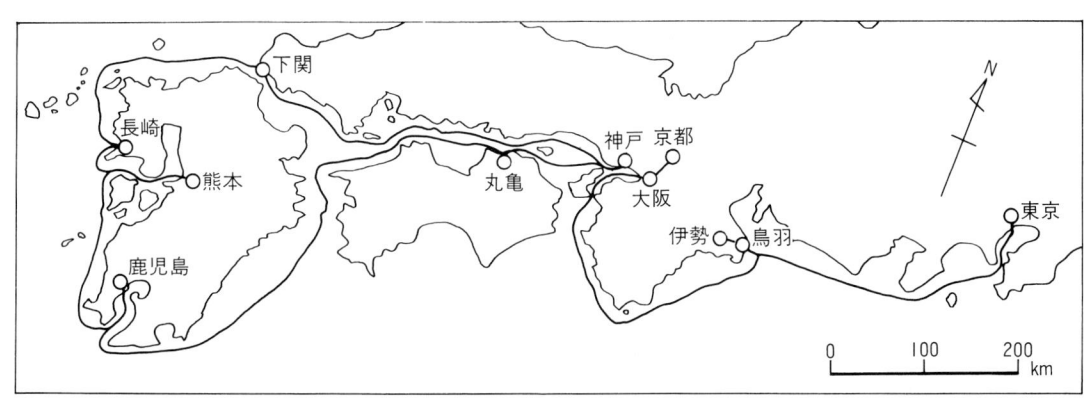

巡幸経路図

1　志州鳥羽　5月25日巡幸艦隊は三重県(志摩国)鳥羽港に到着、明治天皇は伊勢神宮参詣のため、艦を乗換えて伊勢国大湊に向かった。艦隊は28日の出航まで鳥羽湾に滞在した。本図は、その間に撮影されたもので、海上に3本マストの軍艦がみえる。

2　西京御所　三　5月30日京都御所に到着された明治天皇は、御学問所を行在所とされた。本図は、小御所を御池庭の欅橋上から撮影したもので、御学問所等の建物が並ぶ右方に画面が展開した本来は3枚続き写真の左端の写真であったことが、霞会館所蔵写真により知られている。

3　知恩院山門　6月2日明治天皇は伝統工芸品・新製品等を展示する博覧会観覧のため、会場の建仁寺・知恩院に臨幸された。着色写真。

4　西京加茂　明治天皇の京都滞在中に内田写真師が独自に撮影した上賀茂神社の写真3枚が東京国立博物館等に保存されている。本図もその1枚で、中央左に鳥居がみえる。着色写真。

5　大坂城　大坂城を玉造口から川越しに遠望した写真。同一写真は東京国立博物館等には保存されていないが、添付台紙が共通することから、明治5年(1872)6月6日に明治天皇が大阪市内の大阪鎮台等諸施設を臨幸した際に撮影されたものと推定される。

6　大坂天神橋　大阪市北区天神橋筋と東区を結び大川と堂島川・土佐堀川の分岐点に架かる橋で、現在市道天神橋天王寺線が通ずる。明治天皇の臨幸コースとは関係ないが、6月6日前後の中之島側からの撮影とみられ、同一写真は東京国立博物館・霞会館にも保存されている。着色写真。

7　長州下之関　明治天皇は6月10日門司沖で軍艦龍驤から端艇に移御、下関の大小路埠頭から阿弥陀寺町所在の旧本陣伊藤九三邸の行在所に入り、13日まで滞在した。図は、亀山八幡（現山口県下関市仲之町）前の海岸から西方・下関市街を望んだもの。右端に亀山八幡の鳥居、左遠方に停泊する艦船がみえる。

8　亀山八幡　本図は、山口県下関市仲之町の亀山八幡の海岸に立つ鳥居の西方から東を望んだ写真。図7の写真を逆方向から撮影したもの。図9は、亀山八幡境内から関門海峡越しに九州・門司方面を望んだ写真。沖合いに御召艦龍驤（右端）を始め巡幸の艦船が停泊している。

9　亀山八幡ヨリ九州他ヲ望ム

長　崎　6月14日午後5時に巡幸艦隊は、砲台やロシアなどの艦船の祝砲・飾旗礼を受けながら長崎港に到着し、以後17日朝まで明治天皇は長崎に滞在、長崎県庁や長崎造船所、小菅修船所等に臨幸した。図10は、高島炭鉱を長崎側の船着場から遠望。高島炭鉱は明治2年(1869)佐賀藩・グラバー商会の合弁企業が創業、のちに官営を経て三菱が買収し優良炭鉱に発展した。図11は、山上から長崎市街地と港湾を俯瞰したのも。図12・13は、長崎市内稲佐・飽の浦の高台から長崎市街・港湾を俯瞰した連続写真で、図12右方の建物は長崎製鉄所(現三菱造船所)、左端の軍艦は御召艦龍驤か。図13の湾内の停泊する巡幸艦隊や商船の向うに出島や大浦外国人居留地・大浦天主堂等の洋館が立ち並ぶ。巡幸艦隊を望見するちょん髷・和服姿の男性に、時代の変化を感じさせる。

10　長崎高嶋

11　肥前長崎

12 長崎市中 一

13 長崎市中 二

14 熊 本 城　6月18日小島経由で熊本に入った明治天皇は、翌日医学校・洋学校、鎮西鎮台に臨幸の後、旧熊本城内を巡覧、天守閣上で休憩した。明治天皇が近世城郭の見事さに開眼したのはこの時といわれ、のちに旧彦根城等の城郭保存に意を用いた。図は、城の北側からの展望で、左から裏五階櫓・大小天守・平左衛門丸御宥部屋櫓・小天守下平櫓・櫨方三階櫓、手前左方に御蔵の一部、右方に棒庵坂の一部がみえる。同一写真は東京国立博物館・霞会館にも保存されている。

15 鹿児島市中 一　　6月22日巡幸艦隊は鹿児島へ入港。24日明治天皇は鹿児島港新波戸場で陸海軍による対抗演習を天覧。艦砲と砲台とが相砲撃し、薩英戦争当時を彷彿させたという。図15は多賀山（現鹿児島市清水町）からの景観で、手前左方に祇園洲砲台で砲架に据えられた大砲2門がみえ、沖合に龍驤以下の巡幸艦隊の艦船が浮ぶ。図16は山上から鹿児島市内を俯瞰したもの。

16 鹿児島市中 二

17　摂州湊川神社　巡幸艦隊は、香川県丸亀を経て7月6日神戸港に到着、明治天皇は8日神戸市中央区の別格官幣社湊川神社を参拝の予定が、風雨のため中止され勅使が派遣された。湊川神社は、明治天皇の楠公社造営の沙汰により戦没地の湊川に明治5年(1872)造営され、旧暦5月25日(太陽暦7月12日)に楠公祭が執行された。図は本殿・舞楽殿がむき出しのままの境内を撮影している。本殿の付近が楠正成自刃の地といわれている。

## 2　明治9年明治天皇東奥巡幸写真

　明治9年（1876）6月2日、明治天皇は東奥巡幸に出発した。福島県から青森県に至る東奥の地は、戊辰戦争時に会津松平藩と共に奥羽越列藩同盟を結び維新政府に抵抗したところであったためか、馬車等での陸路の巡幸となり、右大臣岩倉具視・内閣顧問木戸孝允以下太政官正院・内務省・陸軍省等の230名余が随行するとともに、巡幸路調査のため参議・内務卿大久保利通が先発し、さらに事前に詳細な「御休泊及ヒ沿道駅名里程表」（『東巡雑録』上所収）が準備された。東北の風土と、いまだ記憶に鮮明な戊辰の戦跡への明治天皇の理解を図るとともに、東北地方の住民に天皇の尊厳と慈愛、明治政府の権威を誇示する意図をもった巡幸であった。

　巡幸の行列は、5日宇都宮に到着。宇都宮での県庁・学校・兵営への臨幸は通例の通りであり、尊皇の志士蒲生君平・高山彦九郎の霊や、栃木県内の招魂社や戊辰戦争時の官軍戦没者の墓に祭祀料を下した。招魂社・官軍戦没者への祭祀は、以後の巡幸時の例となった。6日奥州街道から外れて日光に到り、東照宮・二荒神社・中禅寺湖・華厳ノ滝等を肩輿に乗り巡った。13日白河到着、白河城跡で近隣15ヶ村の産馬1500余頭を天覧した。15日須賀川産馬会社臨幸、16日郡山から奥州路を逸れて桑野村（現郡山市）開成館に到り安積開拓の状況を聴取。18日旧二本松城内の製糸社に臨幸、19日福島に到り、21日伊達郡半田銀山に臨幸。22日白石に到り、戊辰戦争発端の一つとなった奥羽鎮撫総督府参謀故世良修蔵の祭事を修することを磐前県に命じた。24日仙台に着御、26日まで宮城県庁・裁判所・師範学校・英語学校、仙台鎮台歩兵第四連隊営・鎮台本部から旧仙台城本丸跡へ乗馬で登庁、仙台市街から仙台湾を展望ののち、博覧会場で慶長遣欧使節関係資料等の展示品を巡覧した。27〜29日には松島・塩竈に臨幸し、帰路多賀城跡に立ち寄った。7月4日平泉に到り、先行した木戸孝允の奏により高館に登り、地形を観望するとともに前年の水害状況や土地の物産等につき岩手県官より説明を受け、ついで中尊寺に臨幸した。以後、水沢・花巻を経て、6日盛岡に着御。岩手県庁・仁王学校・勧業試験所等巡覧、県社八幡神社馬場での産馬400余頭、旧盛岡藩士の馬術、市民の豊年踊等を天覧し、8日盛岡出発、沼宮内・浪打峠・青森県三戸・五戸・七戸・野辺地を経て、14日青森に着御。途中で開墾地や洋種の牛馬等を天覧した。15日青森県庁・裁判所・仙台鎮台青森分営の歩兵第五連隊・青森小学校等を巡覧。16日工部省燈台寮の明治丸に乗船して函館港に入港、開拓使函館支庁・函館病院・松蔭学校・会所学校・函館裁判所・七重勧業課試験場・五稜郭等を巡覧した。18日明治丸に搭乗、三陸沿海を直航して20日午後8時過ぎに横浜港に入港した。この日を記念して、7月20日は現在も祝日「海の日」とされている。

　この巡幸に随行した写真師は、故内田九一の弟子の長谷川吉次郎であったことが、長谷川が明治11年の北陸・東海両道巡幸に際して宮内省に提出した願上書によって知られている。

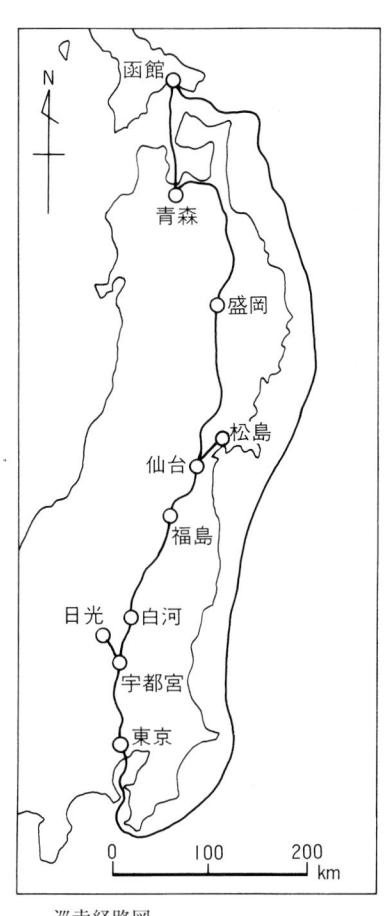

巡幸経路図

1　日光大谷川　栃木県日光市内を流れ、神橋のかかる
大谷川(だいやがわ)の景観。明治天皇は宇都宮から奥州街道を逸れて
6月6日に日光へ立ち寄った。

2　日光陽明門　日光東照宮の正門にあたる陽明門は、
徳川家光により寛永13年(1636)に建立された。明治天皇
は6月7日に東照宮に行幸、各社殿や神宝類を天覧した。

3　日光山中含満路ノ水車(大谷川)　明治天皇は日光滞在中、満願寺を行在所とした。図は大谷川の脇で稼動する二連の水車の光景。

4　日光華厳ノ滝　日光中禅寺湖から流出する大尻川にかかる落差約97mの華厳ノ滝は、那智・袋田とともに日本三名瀑の一つとされる。明治天皇は、6月8日日光二荒山神社中宮祠行幸ののち華厳ノ滝を観覧した。

5　日光中禅寺湖　日光市の男体山南麓にある中禅寺湖は水面標高1269mで、自然湖としては日本最高の標高を有し、湖畔に二荒山神社などがある。図は二荒山神社の神宮寺である中禅寺の堂宇がみえる。なお、中禅寺は明治35年（1902）の男体山山津波で倒壊し移転した。

6　日光霧降滝　日光市所野の、鬼怒川の支流板穴川にかかる霧降滝は、上段25m、下段26mの2段の滝で、岩に飛び散った水が霧となるところから名付けられた。華厳ノ滝・裏見滝と並び日光三名瀑の一に数えられる。

7 白河旧城跡産馬天覧ノ図　福島県白河市郭内にある白河城は、小峰城とも呼ばれ、近世を通じて親藩・譜代の居城となり、戊辰戦争時に奥羽越列藩同盟軍との攻防の中心となり、落城焼亡した。6月13日明治天皇は、行幸に先行した大久保利通の進言を入れて白河城本丸跡に上がり、殖産のため白河商人の指導で飼育された近隣15ヶ村の産馬1500余頭を天覧されるとともに、戊辰の戦況を下問した。

8　白川楽翁公遊園地　大沼
白河市南湖にある南湖は、享和元年（1801）白河藩主松平定信（白河楽翁）が大沼の沼沢地に築堤し、「士民共楽」の園地として整備したもので、漢名は白河城の南方の位置から「南湖」、和名を白河の関に因み「関の湖」と名付けられた。

9　阿武隈川橋上ヨリ黒塚ヲ望ム図　福島県二本松市大平に所在する黒塚は、旅人を殺害して金品を奪った鬼婆の墓との伝承がある。黒塚伝説は『拾遺集』の平兼盛の歌が『大和物語』を通じて謡曲の素材となって伝説化した。図は、二本松市の安達ヶ橋付近から黒塚を遠望した写真で、明治天皇一行は6月17～19日に二本松に滞在した。

10 安達ヶ原一ツ家　一ツ家は、二本松市大平の黒塚近くにある花崗岩の巨岩でできた岩屋で、鬼婆がこもったという伝承がある。

11 信夫山ヨリ信夫川　正しくは「信夫川より信夫山遠望」で、信夫郡内を流れる阿武隈川を信夫川と称する。福島市柳町と南町とを結ぶ信夫橋の前身、須川橋脇から信夫山を遠望した図である。須川橋は明治7年（1874）に竣功したが、同16年洪水で流失した。現在の信夫橋は昭和7年（1932）完成した。明治天皇一行は、6月19～22日福島に滞在した。

12 槻木村宮内内膳城址　阿武隈川との合流点に近い白石川下流の北岸にあたる宮城県柴田郡柴田町槻木字白幡に所在する居館跡。6月23日明治天皇一行は槻木を通過して岩沼に入った。

13 松島焼島ヨリ塩焼島　日本三景の一つ、松島・塩竈観覧のため明治天皇は、6月27日仙台から松島に入り、瑞巌寺・観瀾亭や富山から松島の景観を展望した。図は松島湾諸島の一部。

14 多賀城址壺碑　6月29日塩竈を発した明治天皇は、宮城県多賀城市市川の多賀城政庁跡に臨幸、ついで多賀城碑を天覧した。多賀城は、奈良時代に律令国家の東北統治の拠点として陸奥国府政庁と鎮守府が置かれ、平安時代も国府として機能した。多賀城碑は、近世に発見されてから歌枕のいう壺碑とされたが、天平宝字6年(762)の修造碑であり、現在国指定重要文化財。図は明治8年(1875)12月に内務省の負担で落成したばかりの覆屋内にある多賀城碑で、扉を外して碑面に拓本を打ち文字を鮮明化している。

15　盛岡明治橋（北上川）　7月6日、明治天皇一行は明治橋を通り、岩手県盛岡に入った。明治橋は盛岡市内を流れる北上川に架かる橋で、盛岡市の南大通と仙北を結び、盛岡の南の玄関口にあたる。近世には舟橋が架けられていたが、明治6年（1873）木橋が架けられて明治橋と命名された。現在は昭和7年（1932）竣功の鋼材橋に替わっている。

16　北上川原泉（弓削泉）　岩手県岩手郡岩手町御堂所在の泉。前九年の役で源頼義が弓弭（ゆはず）で岩を穿って清水を出し渇を癒したとの伝説があり、御堂観音の「弓弭の清水」とされ、北上川の水源の一つとされてきた。明治天皇一行は、7月9日岩手県沼宮内から一戸への途中、同所観音堂で休憩した。

17 末ノ松山（一名浪打峠）　7月10日明治天皇は陸羽街道の浪打峠を越えた。浪打峠は交差した砂目層が顕著で貝化石を含む粗粒砂岩層が露出するため名があり、歌枕の末の松山とも称される。

18 清水川村ノ図　清水川村は、現在の青森県東津軽郡平内町の陸奥湾に注ぐ清水川の下流にあたる。明治天皇一行は7月14日に清水川村を通過し、青森に到着した。

19 尻矢岬燈台　下北半島北東端の青森県下北郡東通村尻屋崎にある東北初の洋式燈台で、明治9年(1876)10月20日点燈。巡幸コースから外れ、同年以降撮影の可能性が高い。

20 青森海岸　陸奥湾の支湾青森湾に面した青森海岸の風景写真で、沖合いに蒸気船や和船の停泊がみえる。明治天皇一行は7月16日明治丸に乗船、函館に向かった。

21 函館市 北海道函館市は、近世から松前三湊の一つとされ、日米和親条約により安政2年(1855)開港、明治2年(1869)の函館戦争の舞台となった。北海道の玄関口として栄える。明治天皇一行は、7月16～18日函館に滞在し、五稜郭等に臨幸した。図は、函館山からの市中を俯瞰したもの。

# 3　明治10年明治天皇畿内行幸写真

　明治10年(1877)1月24日、明治天皇は海路、大和国及び京都行幸の途に就いた。この行幸は、孝明天皇崩御十年式年祭と、2月11日の紀元節に合わせて皇祖神武天皇の畝傍山東北陵参拝のため冬期の行幸となったが、出発前から多難が予想されていた。海上の強風で予定より10日遅れての出発となった自然条件以上に、朝鮮国遣使の議に敗れ官を辞して鹿児島に戻った西郷隆盛の一派の動静が次第に緊張の度を高めていたからである。

　御召船高尾丸と春日・清輝の両供奉艦は、鳥羽港を経て1月28日に神戸港に入港、天皇は神戸停車場から建設されたばかりの鉄道経由で京都へ到着、先行して京都へ還啓していた英照皇太后・昭憲皇后、有栖川宮熾仁親王ら皇族等の出迎えを受けて京都御所の常御殿に入った。沿道1里以内の官国幣神社・山陵等に奉幣使を派遣することを定め、この日神戸の湊川神社に勅使を参向させ、幣帛料を供えた。30日明治天皇は孝明天皇の後月輪東山陵に行幸、有栖川宮熾仁親王らの皇族や政府高官を随えて十年式年祭を挙行、皇太后・皇后も午後に参拝した。31日旧二条城内の京都府庁や旧有栖川宮邸の京都裁判所、大宮御所内の博物館に臨幸され、2月1〜4日にも各種学校や工場等を巡覧、上下賀茂神社を参拝するとともに、京都内外の官幣社や陵墓に奉幣させた。5日、有栖川宮、参議兼工部卿伊藤博文等を随え、京都駅・大阪駅・神戸駅での京都－神戸間の鉄道開通式に臨幸。7日大和国に行幸、伏見・宇治・奈良を経て、紀元節の11日に神武天皇畝傍山東北陵を参拝。この間、石川県で地租改正に関係した農民の騒動が発生する一方、鹿児島では西郷隆盛が教育する私学校の生徒が弾薬等を奪取し、兵器を携えて熊本へ進軍を開始した。西南戦争の勃発である。

　神武陵参拝を終えた明治天皇一行は、南河内を経て13日堺に到着、午後に堺県庁・戎島綿糸紡績所に臨幸した。同日鹿児島の動静調査のため現地出張していた内務省高官が堺県庁に帰着し、供奉の木戸孝允に報告、天皇から速やかな臨機の処置を講ずべしと沙汰された。14日堺を発した一行は住吉大社を参詣して大阪入りし、大阪鎮台で天皇は木戸孝允・山縣有朋と用談した後、砲兵支廠や各種学校臨幸を経て行在所の造幣寮泉布観に入った。15日は造幣寮工業所を巡覧し、ついで大阪裁判所・同上級裁判所・大阪府庁や各種学校へ、翌日も民営の紙・砂糖製造所、化学染色所へ臨幸して京都御所に戻った。

　この間、西郷隆盛自身も鹿児島から熊本へ進軍を始め、西南戦争は本格化していった。これに対して、政府は暴徒征討令を発し、征討総督有栖川宮以下の軍事組織を固め、平定まで明治天皇ならびに皇后・皇太后は京都に滞在することとなった。戦時下の市民の士気鼓舞と運動のため、3月25日には天皇は騎馬で京都市内を巡幸し、6月12日にも大宮御所で開催されていた京都博覧会社主催の博覧会に臨幸した。南九州での戦闘の大勢がみえた7月28日、明治天皇は皇后とともに神戸港から三菱の郵便汽船広島丸で東京に還幸した。東京を離れること、実に188日であった。

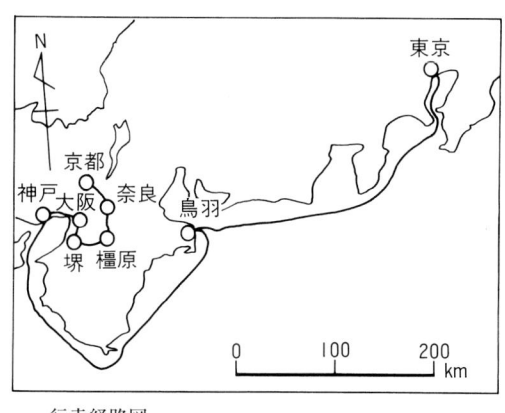

行幸経路図

1　神戸港　明治天皇は、高尾丸に搭乗し鳥羽経由で1月28日神戸港着御。兵庫県神戸市中央区にある神戸港は、幕末に兵庫の津が開港場とされ、明治元年(1868)から運上所業務開始、当初湊川以東を神戸港として外国船舶の停泊地、以西を兵庫港とされたが、のちに一括して神戸港となった。図の左方に三本柱の洋船、右方に和船の帆柱が林立している。

2　湊川神社　神戸で湊川神社への勅使参向が行われた。図は1月28日の勅使参向時の撮影と思われ、12頁の明治5年（1872）時の写真と較べると松樹の植栽など境内整備が進んでいる。着色写真。

3　孝明天皇後月輪山陵　1月30日に明治天皇は、京都市東山区今熊野泉山町にある孝明天皇の後月輪東山陵へ行幸、十年式年御親祭を行った。図は同山陵の式祭当日の撮影と推定される。

4　二　条　城　1月30日に明治天皇は、旧二条城内の京都府庁に臨幸した。京都市中京区二条城町にある二条城は、関が原合戦後の慶長6年（1601）から徳川家康が畿内諸大名に命じて築城し、同8年に征夷大将軍に任ぜられた家康が入城して拝賀の礼を行った。寛永3年（1626）の後水尾天皇の二条行幸に際して拡大整備された。その後雷火による天守焼失や大火で本丸御殿などが失われた。慶応3年（1867）最後の将軍慶喜は、二条城で大政奉還の上表を行い退去した。明治4年（1871）以降は京都府庁として使用され、のちに離宮となった。着色写真。

5 　北野天満宮　　2月2日に北野神社へ奉幣し、さらに天皇とともに京都滞在中の英照皇太后は5月2日に平野神社・北野神社・鹿苑寺・嵐山に行啓した。京都市上京区馬喰町にある北野神社は、菅原道真を祭神とし、道真の託宣を受けた乳母が自宅の祠に祭り、天暦元年(947)現在地に創始したと伝える。当初は怨霊を静める鎮魂・雷神信仰が中心であったが、室町時代頃からは文学・学問の神として信仰されるようになった。社殿は慶長12年(1607)の造営で、本殿等は国宝。着色写真。

6　伏見稲荷　2月7日、神武天皇陵参拝のため奈良県に行幸した明治天皇は伏見で小憩を取った。京都市伏見区深草藪之内町にある伏見稲荷大社は、和銅4年(711)稲荷山三ヶ峯に鎮座と伝え、秦氏一族が祭祀した。平安奠都以降朝廷の崇敬を受け神階が上り、天慶5年(942)に正一位に叙された。全国稲荷社の総本社である。着色写真。

7　畝火山山陵　神武天皇陵の所在地は、近世に諸説あったが奈良県橿原市大久保町字洞ミサンザイの地が安政2年 (1855) 以降神武天皇畝傍山東北陵とされ、拡大整備された。明治天皇は、紀元節にあたる2月11日に参拝した。

8　南部宝隆寺五重塔　正しくは「南都法隆寺五重塔」。奈良県生駒郡斑鳩町にある法隆寺は、聖徳太子創建として著名だが、『日本書紀』は天智天皇8年 (669) の全焼を記し、現在の西院伽藍の建設時期については確定していない。図は、五重塔を講堂前から撮影したもので、奥に中門がみえる。

9　堺妙国寺ノ蘇鉄　大阪府堺市材木町東にある広普山妙国寺は、室町時代末に堺の豪商油屋一族の助力で建立された日蓮宗の寺院である。境内の著名な大蘇鉄は高麗からの移植と伝え、かつて織田信長が安土城に移植したところ怪異現象が起こったため還付されたとの伝承がある。明治天皇堺滞在中の2月13日頃の撮影と推定される。着色写真。

10　住吉ノ反橋　2月14日、明治天皇は住吉神社を参拝した。大阪市住吉区住吉にある住吉大社は摂津国一ノ宮で、『日本書紀』によると神宮皇后が三韓出兵に神助のあった筒男三神を住吉の地に鎮祭させたのが起源という。摂津の西堺の神、また海上交通の守神として崇敬をあつめ、神階は正一位。社前の反り橋は国指定重要文化財である。着色写真。

11　大坂城　2月14日大阪へ入った明治天皇は、旧大阪城の大阪鎮台に到着、練兵場での操練、砲兵支廠等を天覧した。着色写真。

12　大坂造幣寮　2月14日夕刻、明治天皇は大阪での行在所であった造幣寮泉布観に入った。図は大阪市北区の大川（旧淀川）端にある造幣寮の全景。着色写真。

13 大坂川口ノ景　大阪市港区の安治川河口にある
船着場の光景。着色写真。

14 天王寺ノ塔　大阪市天王寺区四天王寺町にある
四天王寺の中門回廊越しにみた五重塔。着色写真。

15　西京嵐山渡月橋　2月18日明治天皇は、内閣顧問木戸孝允らを随えて嵐山に行幸、大堰川（桂川）で川魚の捕獲を天覧した。渡月橋は、京都市右京区嵯峨天竜寺芒ノ馬場と西京区嵐山上海道町とを結び大堰川に架かる橋。

16　山城梅畑村　梅畑村は梅林の多い山中から名があり、現在の京都市右京区梅ヶ畑にあたり、西に高雄山、北を清滝川、南部を奥殿川が流れ、周山街道（一条街道）が南北に通じる村。行幸とは関係はない。

17　西京三十三間堂　京都市東山区三十三間堂廻り町の蓮華王院本堂、通称三十三間堂へは行幸の記録はないが、京都滞在中の撮影と推定される。蓮華王院は、長寛2年（1164）後白河天皇の御願により平清盛が建立した天台宗の寺院で、三十三間堂と呼ばれる長大な阿弥陀堂は、本尊千手観音坐像の左右に500体ずつの仏像を配している。本堂及び本尊等の仏像は国宝。着色写真。

18 西京四条　京都市内を流れる鴨川の四条辺の東岸町屋を、東山を背景として川から撮影した写真。

19 四条橋　京都市東山区大橋町と中京区橋本町とを結び鴨川に架かる橋で、祇園八坂神社の神幸で知られる。図は明治7年(1874)4月に架け替えられた鉄橋である。着色写真。

21 金閣寺　5月2日に英照皇太后が鹿苑寺に行啓した。京都市北区にあり、金閣寺として知られる鹿苑寺は足利義満の北山殿として造営され、その死後に舎利殿（金閣）を中心に寺院となった。

20 通天橋　京都市東山区本町15丁目の東福寺境内の洗玉澗に架かる橋で、橋脚が約10mと高いことから名付けられた。室町時代の創建で、周囲は紅葉の名所。着色写真。

京都御所　京都市上京区にある京都御所は、明治2年(1869)の東京奠都までの皇居で、元弘元年(1331)北朝の光厳天皇の土御門東洞院殿での践祚に始まる。江戸時代に幕府は規模を拡大し、寛政年間(1790頃)に平安時代の形式に復元して再興した。安政元年(1854)焼失後の再興にも寛政度の造営規模を踏襲して現在に至っている。図22・23ともに着色写真。

22　紫宸殿

23　皇城御苑

# 4．明治11年明治天皇北陸・東海両道巡幸写真

　明治11年（1878）8月30日、明治天皇は北陸・東海両道巡幸の長途に就いた。巡幸路途中の石川県は前年農民騒動勃発の土地であり、出発直前の5月14日石川県士族が、明治政府の中心にいて天皇の地方巡幸を推進していた大久保利通を暗殺した。このため、随行者は右大臣岩倉具視・参議大隈重信をはじめ参議兼工部卿井上馨・陸軍少輔大山巌等の高官に近衛騎兵・夫卒・馬丁等まで約300人に加えて、大警視川路利良率いる警部・巡査等、総勢798人という空前の大行列であった。これこそ大久保利通の死後も揺るがぬ天皇親政の実と明治政府の威厳と決意を地方人民に示そうとした天皇側近や政府参議等の決意のあらわれであった。

　一行は旧中山道を北上し、9月6日碓氷峠を越えて長野県に入り、翌日千曲川・犀川を舟橋で渡り、8日長野善光寺に入り、県庁・裁判所等に臨幸。10日新潟県に入り、高田・直江津・柏崎と上杉謙信の遺跡・遺物や戊辰戦跡をみながら、16日新潟に着いた。明治天皇は例の如く県庁・裁判所・各種学校や勧業博覧会場等に臨幸するとともに、コースから外れる山形県に侍従を派遣、承久の変で佐渡に配流された順徳上皇を偲んで侍従の佐渡派遣や、戊辰戦争戦没者の祭祀を行った。19日阿賀野川を新設の舟橋で渡り新発田に到り、再び阿賀野川を渡って長岡を経て柏崎に戻った。途中で天皇は石油湧出井戸を天覧した。その後、親不知の険を明治5年に開削された山道の新道を通過して、30日富山に入った。10月2日倶利伽羅峠の旧道を避け、天田峠の新道を通って金沢に到着。石川県庁・裁判所・各種学校・博物館や歩兵第七連隊営等に臨幸したが、市内は大久保暗殺の影響で各小路に警官1名を配するなど警戒厳重だったという。7日福井に到着、新田義貞を祭神とする藤島神社には奉幣使が、その墳墓にも侍従が派遣された。8日福井を発して、当時滋賀県に属した敦賀・草津を過ぎて13日石山寺に臨幸ののち、大津に到着した。大津では特に先に治定した弘文天皇長等山前陵に参拝した。15日京都御所に到着した天皇は、翌日京都府の管理に任され荒廃した各宮殿を巡覧し、保存方法の一つとして京都御所での即位大礼を発案したという。

　帰途は、三重県桑名でのチフス発生のため、大垣・岐阜を経て名古屋から東海道を行くコースに変更し、20日京都出発、25日名古屋に到着、天皇は旧名古屋城内の名古屋鎮台臨幸の際に天守閣から四方を眺望した。28日熱田神宮参拝後、岡崎・浜松を経て、11月2日大井川の橋梁を渡って旧駿河国内に入り、3日の天長節に宇津の谷トンネルを徒歩で通過して静岡に到着し、県庁等諸施設に臨幸、5日興津の休憩所から三保の松原を遠望。6日富士川を舟橋で通過した天皇は、箱根山を経て、9日神奈川駅から汽車で東京に還幸した。

　この巡幸には、当初写真師長谷川吉次郎が随行の予定であったが、出発以前に吉次郎発病のため、代理に古賀焼・山際長太郎の2名が随行した。

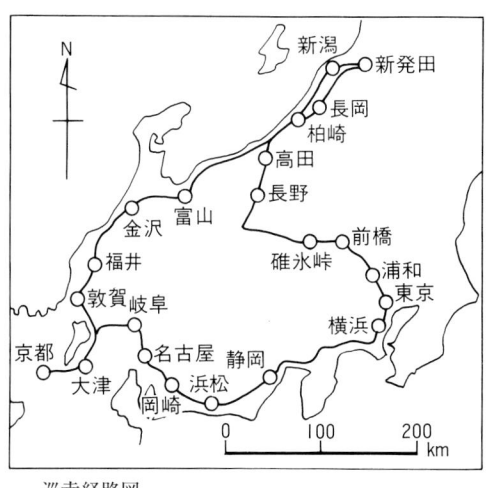

巡幸経路図

1 碓氷峠堀切沢屏風岩　明治天皇は、9月6日に群馬県碓氷郡松井田町の碓氷峠を越えて長野県に入り軽井沢に到着した。『明治天皇紀』には「屏風ヶ岩と称する峻険ありて、七八町の間は輦輿(れんよ)すら通じ難し、仍りて下御あらせらる、騎馬の供奉員亦悉く歩して扈従(こじゅう)せしが、天皇頗(すこぶ)る健脚にあらせられ衆皆後る」と、徒歩で越えた様子が記されている。

2 屋代篠ノ井間舟橋 千隈川　9月8日、天皇は長野県千曲市にあたる屋代で千曲川を舟橋で渡り、川中島に到り、犀川も舟橋で越えて長野善光寺に入った。長野県南東部の甲武信ヶ岳から流出し、北流して新潟県内で信濃川と名を変え日本海に注ぐ千曲川は、『万葉集』の東歌をはじめ史書・文学等にみえる。犀川との合流点にある川中島は武田信玄・上杉謙信の合戦場として著名。

3　出雲崎駅海岸及弥彦山遠景　新潟県に入った一行は、15日三島郡出雲崎町の行在所を出発して寺泊経由で西蒲原郡弥彦村に到着した。本図は出雲崎の海岸から弥彦山を遠望したもの。寺泊町と弥彦村の境にある標高638mの弥彦山には弥彦神社が鎮座し、古来信仰と行楽の地として著名。

4　新潟港　16日、天皇は新潟の行在所に入り、19日まで新潟に留まり諸施設に臨幸した。本図は新潟港の光景で、物見櫓前方の海上に数艘ずつ並んだ和船群がみえる。

5　阿賀野川　19日、天皇は阿賀野川を舟橋で通過して新発田に到り、東京鎮台新発田分営を視察、再び阿賀野川を渡って西行した。本図は阿賀野川に架けられた舟橋。着色写真。

6　新津駅在田野村　石油沸壺之図　21日、新津を三条へ向った天皇は、路傍で石油が湧出する井戸を天覧。本図と同方向から描いた随行絵師五姓田義松の絵が御物として保存されている。田野村は正しくは田家村。

7　外波市振駅ノ間海岸（俗ニ親不知）　28日、天皇は越後―越中国境の親不知の険を山寄りの新道で越えた。本図は親不知の海岸の景。

8　今石動駅　倶利加羅峠　10月2日、石動町（現小矢部市）を発した天皇一行は、越中・加賀国境を天田峠越えの新道によって通過した。本図は北陸道の要衝倶利伽羅峠の旧道を山上から俯瞰したもの。

9　金沢旧城三之丸　厳戒態勢の下に2日午後に金沢入りした天皇は、4日旧金沢城内にある金沢屯営歩兵第七連隊に行幸した。本図は、石川門内の金沢城三の丸東側から西南の二の丸方向を撮影したもので、右から河北門・二の丸菱櫓・五十間長屋・橋爪門続櫓・橋爪門が写っている。これらの建物群は明治14年（1881）1月10日の火災で全焼した。

10 藤島神社　7日、福井に至った明治天皇は、藤島神社に奉幣使を派遣した。福井市の藤島神社は、暦応元年(1338)燈明寺畷で戦死した新田義貞を祭神として、明治3年(1870)福井藩主松平茂昭が一祠を建立、明治9年に別格官幣社となった。水害のため明治34年に現在地に移転。

11 石山寺ト琵琶湖　13日、明治天皇は滋賀県の石山寺に臨幸、山上観月堂では琵琶湖から流出する瀬田川の景趣を観賞、寺宝を展覧した。本図は、瀬田川に近い湖面から石山寺のある山を仰いだもの。

12 　唐　崎　松　　滋賀県大津市下阪本町所在。唐崎は平安時代に七瀬の祓所の一つとされ、そこに生える唐崎松は「唐崎の一つ松」とされ近江八景のうち「唐崎夜雨」として著名。

13 　琵琶湖竹生島　　大津から岐阜経由で名古屋に向った天皇は、22日摺針峠の望湖堂で琵琶湖上の風光を賞し、岐阜県に入った。本図は、湖岸から琵琶湖屈指の景勝地竹生島を遠望。

14　長良川ヨリ金花山ノ遠景　23日、一行は岐阜市内に入った。岐阜市内にあり長良川に接する金華山は、戦国大名斎藤道三や織田信長が居城した岐阜城跡のある山。

15　佐世中山ヨリ無間山ノ景　11月2日、一行は静岡県掛川から小夜中山を通過した。掛川市と榛原郡金谷町間の旧東海道の峠である小夜中山は、歌枕でも知られ、街道の名所の一つであった。

16　金谷駅及大井川　同じく2日、一行は大井川の仮橋を渡り、駿河国に入った。大井川は川幅広く急流のため架橋が困難で、近世には東海道金谷―島田宿間の川越えは歩行越しが制度化され、しばしば増水による川止めがあった。明治3年（1870）5月の徒渉制度廃止に伴い渡船となり、明治9年仮橋が架橋された。のちに本格的な木橋に替わり、ついで鉄橋となった。本図は仮橋の状況。

17　宇都谷峠隧道　11月3日、天長節の日に天皇は東海道の宇津谷峠西坂を肩輿で登り、宇津谷峠トンネルを徒歩で通過した。宇津谷峠トンネルは、東海道の難所緩和のため民間の有志が会社を設立して掘削し、明治9年（1876）6月に竣功した。全長207m、高さ3.5m、幅3.3m、東西の入口に反射鏡を備え日光をトンネル内に入れて照明としていた。道銭を徴収し、明治22年の鉄道開通までは利益が上がった。図の入口前に反射鏡がみえる。

18 奥津海辺ヨリ三保松原遠景　5日、静岡を出発した一行は、興津清見寺から静岡市にあり謡曲「羽衣」等で著名な三保松原を遠望した。岩礁のかなたに三保松原がみえる。

19　久能山　静岡市の久能山には、元和2年（1616）駿府城で没した徳川家康の遺命により遺体が埋葬され、久能山東照宮が建立された。参道入口の光景。

20 富士川　6日、明治天皇は静岡県岩淵村から富士川下流の舟橋を肩輿で渡り、対岸で馬車に乗り換えた。山梨県甲府盆地の諸河川を集めて南流し、静岡県中央部を貫流して蒲原町付近で駿河湾に注ぐ富士川は、全長128kmの急流。甲州から河口に近い岩淵河岸まで江戸廻米や物資の流通・交通路として近世には多大な役割を果たした。

熱　海　静岡県熱海市の中央部にある熱海温泉は、奈良時代から万病に効く霊湯として知られ、近世には将軍家をはじめ、東海道を往復する諸大名や江戸の町人まで湯治に利用し著名であった。2枚の写真は、海岸の温泉宿から流出する竟の湯を浴びる男性を撮影したもので、明治天皇の巡幸路とは無関係だが、台紙の状況等から明治5年（1872）巡幸時に撮影したもので、明治8年に没した写真師内田九一の撮影と推定できる。

21　熱海山之湯滝

22　熱海川原湯

23 江ノ島　神奈川県藤沢市片瀬海岸南方にある江ノ島には江島神社があり、芸能上達・海上安全等の神として信仰を集めた。熱海と同じく内田九一撮影と推定される。

24 鴻ノ台遠景　千葉県市川市国府台は下総国府の所在地。明治32年（1899）以降、陸軍用地に使用された。本図は明治天皇巡幸と無関係だが、陸軍以前の国府台から江戸川を望む。

# 5　明治13年明治天皇山梨・三重両県巡幸写真

　明治13年（1880）6月16日、明治天皇は山梨・三重両県並びに京都府巡幸に出発した。この巡幸は、甲州街道・中山道筋と、前回チフス発生のため果たされなかった三重県－特に伊勢神宮参拝と、亀山付近での陸軍大演習臨御のためであった。随行者は太政大臣三条実美・文部卿河野敏鎌・内務少輔品川弥二郎等の高官に騎兵・夫卒・馬丁等360人余である。ただし、河野文部卿は先行して諸学校を巡視、その実情を随所に奏上し、品川内務少輔等20余人も先発とされた。一行は八王子・笹子峠を経て、19日甲府に到着、県庁等の諸施設に例の如く臨幸するとともに、特に武田信玄ゆかりの社寺の保存を指示した。その後、八ヶ岳山麓を通り、24日塩尻峠を越えて松本に到着した。長野県は明治11年の巡幸で通過したが県北の地に限られたので、今回県南の中心地松本に駐輦したという。翌日木曽渓谷に入り、さらに下って岐阜県に入り、名古屋に到着した。
　7月2日名古屋を発した一行は、桑名を経て4日津に着き、天皇は三重県庁等の諸施設に臨幸ののち、7日伊勢神宮参拝、10日亀山に到着、11・12日に亀山付近で実施された東京・名古屋・大阪鎮台兵による大演習に北白川宮能久親王等と共に臨御した。演習終了後、鈴鹿峠を越えて滋賀県に入り、14日京都御所に到着、孝明天皇陵参拝等を行い、20日汽車で神戸に到着、21日神戸港から御召艦扶桑に搭乗、磐城・金剛の2艦を随えて23日横浜に入港、汽車で東京に還幸した。この巡幸には、大蔵省印刷局の写真技師が随行した。

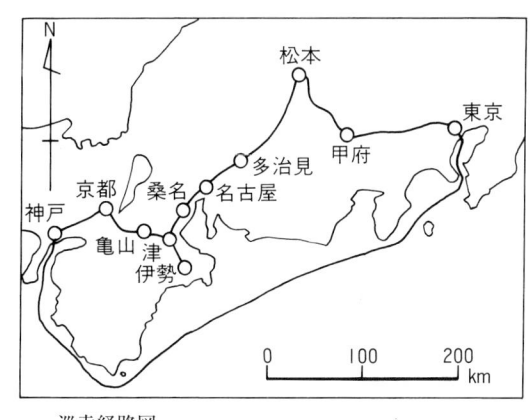

巡幸経路図

　1　奥州塩屋峠　正しくは「信州塩尻峠」。明治天皇は、6月24日肩輿に御して険峻な塩尻山の坂道を登り、峠に至ったが曇天のため展望が利かなかったという。
本図は、長野県岡谷市の塩尻峠からの展望。

2 御嶽山新道石門ノ瀑泉　6月26日、御嶽山麓の木曾峡谷を塩尻峠と同様に肩輿に御して通過した。

3 伊勢大神宮　7月8日、明治天皇は正服を着し、剣璽を奉じて豊受大神宮（外宮）、皇大神宮（内宮）の順に参拝した。図は、三重県伊勢市にある皇大神宮を側面から撮影。

# 6　明治14年明治天皇北海道・出羽巡幸写真

　明治14年（1881）7月30日、明治天皇は山形・秋田両県及び北海道巡幸の旅に出発した。これより先、10ヶ年計画で遂行された北海道開拓事業がこの年終了することに伴い、北海道開拓使の廃止・置県に関連して官営工場の払い下げが計画されていたが、開拓使の高官等が官を辞し商社を設立して官営工場の諸施設・設備を低価格で払い下げを受け、事業を継続しようとする動きが起こった。その是非をめぐり朝議は割れ、天皇も事態を憂慮したが、太政大臣三条実美の再三の奏請で聴許した。このため随行者は左大臣有栖川宮熾仁親王・北白川宮能久親王・参議大隈重信・参議兼北海道開拓使長官黒田清隆・参議大木喬任・内務卿松方正義・宮内卿徳大寺実則等の政府高官並びに騎兵・夫卒・馬丁等約350人となった。一行は8月2日宇都宮に到り、3・4日宇都宮周辺で実施された近衛兵・東京鎮台兵・仙台鎮台兵による陸軍大演習を天覧。その後、明治9年の東奥巡幸とほぼ同様なコースで奥州街道を北上し、27日青森に到着した。29日天皇は御召艦扶桑に搭乗、金剛・日進の供奉艦と30日北海道小樽港に着き、手宮から汽車で札幌に到り、開拓使所属の豊平館を行在所とした。翌31日開拓使庁舎で黒田長官等から開拓事業の概要や風土・民情を聴取ののち、農学校園や農学校に臨幸した。9月2日札幌市内を流れる豊平川を渡って、明治6年に開通した札幌－室蘭間の国道を進み、月寒・野幌・島松を過ぎて、千歳に入るとアイヌ数十人が整列して奉迎した。翌3日植苗・苫小牧・白老・幌別を経て、4日夕刻室蘭に到着し、5日天皇は明治5年に開発された新室蘭港から内浦湾対岸の森港へ迅鯨艦で渡った。6日函館到着、翌日青森港に渡り、9日弘前に到着した。この夜は陰暦7月16日の満月で町民はネブタ祭の踊りを天覧に供した。また、列外供奉の大隈重信が十三湖開削工事を視察し、その状況を具奏している。10日裁判所臨幸ののち、弘前を出発、碇ヶ関を経て秋田県に入り、大館・能代から八郎潟湖岸を経て、16日寺内村（現秋田市寺内）の招魂社のある両津山上で小休止ののち、秋田市内に到着。秋田でも県庁等を視察、さらに湯沢を経て21日院内鉱山に臨御した。翌22日山形県に入った一行は、新庄・鶴岡・酒田を巡って再び新庄から29日山形に到着、天皇は例の如く県庁等の諸施設に臨幸。10月3日米沢を経て、米沢－福島間の栗子新道（翌年「万世大路」と命名）を通過、特に栗子隧道では開通式を行い、天皇は山形県令三島通庸の先導で徒歩で抜けた。福島から往路と同じく奥州街道を南下し、10月11日皇居に還幸した。写真撮影は、随行の大蔵省印刷局写真師によることが『明治天皇紀』にみえる。
　ここでは、巡幸とは直接関係ないが、明治30年以前と推定できる北海道のアイヌ写真6枚を加えた。
　なお、学習院大学図書館所蔵『物品簿　図書　写真』では、これまで紹介した「明治天皇巡幸写真」は次節の「福島県磐梯山噴火写真」とともに「地方風景」としてまとめられており、畿内・東海道・東山道等の道別に分類のうえ、明治39年6月30日付けで登録されている。

巡幸経路図

1　小樽堺立岩ノ景　近世オタルナイと呼ばれた小樽には、明治5年（1872）札幌の建設に伴って手宮に埠頭が建設され、さらに明治13年には小樽―札幌間の鉄道が開通して、北海道の中核都市札幌の玄関として発展した。本図は小樽市堺町の海岸にあった立岩の景観。

2　札幌郡豊平川　小漁岳を水源とし札幌市内で石狩川と合流する豊平川に架けられた豊平橋は、現在札幌市豊平区と中央区とを結ぶ国道36号線が通る主要な橋梁である。明治9年(1876)外国人技師の設計で洋式橋梁が架設されたが、翌年早くも流失したため、全長63mのアーチ状構造材を加えたハウトラス型の橋として再建された。のちに鉄橋に替わった。

3 千年村土人（アイヌ） 9月2日、巡幸の一行は千歳川を渡り千歳村に入った。千歳村は、現在の千歳市にあたり、アイヌ数十人が駅頭に整列して奉迎したと『明治天皇紀』は記す。

4 勇払郡植苗村 3日、勇払郡植苗村・苫小牧村を経て白老村に一行は到着した。植苗村はもとウエンナイ、現在の苫小牧市植苗で、明治9年(1876)の札幌―室蘭間の国道開通で沿道となった。

5　新室蘭港　4日、一行は室蘭に到着した。明治5年(1872)札幌—函館間に札幌大道が計画され、室蘭と噴火湾対岸の森との間に定期航路が設定された。室蘭の港は絵鞆半島のトキカラモイに建設され、従来の室蘭に対して新室蘭と呼ばれた。

6　新室蘭ヲイナヲシ浜　絵鞆半島南岸、内浦湾に面する海岸の室蘭市ヲエナヲシにあたり、近世にはヱトモ場所のうちに入っていた。

7　アイヌ三人像　図8とともに札幌市の武林盛一写真館の三嶋常磐が作成した写真で、撮影場所不明ながら、家族と推定される男女3人の集合写真である。明治天皇巡幸とは無関係ながら、鶏卵紙に印画された明治初期の写真である。

8　アイヌ舎　アイヌ集落のチセ（民家）を背景にして立つ母親と子供の影像。撮影場所不明ながら、明治初期の写真。

9 アイヌ熊祭り　熊祭りでクマの遺体に供え物をするシーン。図9―12の4枚の写真は、鶏卵紙に印画され、台紙の共通性から明治初期に撮影された一連の写真と判断されるが、注記等がなく撮影時期・場所等は不明である。

10 ［アイヌ男女］　行器(ほかい)を前に置き、盛装した男子と2人の女子の群像写真。

11 アイヌ室内　壁際に行器を並べ、梁から刀などを下げたアイヌのチセの内部写真。

12 アイヌ　熊笹の茂みに立つアイヌ男子の写真。

# 7　明治21年福島県磐梯山噴火写真

　福島県耶麻郡猪苗代町と磐梯町・北塩原村との境にあり、猪苗代湖の北に聳えるコニーデ式火山の磐梯山は、約千年にわたる眠りから目覚め、明治21年（1888）7月15日突然大噴火を起し破裂した。この噴火は大爆発を伴い、山体の一部約17億$m^3$（重量約300億t）が飛散する大規模なものであった。このため大泥流が発生して北方山麓の長瀬川に沿って1時間約70kmのスピードで押し出し、小野川・中津川・大川などの谷の一部を堰止めて桧原・小野川・秋元等の湖沼を作った。被害は福島県内の広範囲にわたったが、中でも山の西北麓の桧原村（現耶麻郡北塩原村）、及び大量の降灰があった東部の岩瀬・若宮・蚕養・三郷（以上、現耶麻郡猪苗代町）等の諸村の被害が大きく、被害地の戸数463戸中、破壊47戸・埋没45戸・半壊8戸、死者477人・負傷者47人、牛馬の斃死57頭、被災総面積は約11,000haに及んだ。

1　磐梯山頂上噴火　表題のとおり、磐梯山上の火口から噴気が立ち上る写真で、大爆発後間もなくの撮影と推定できるが、その撮影者、経緯は不明。

2 磐梯山噴火ノ為メ民家破壊ノ図　荒涼とした大地の中に半壊した茅葺民家がむき出しで立つ写真で、地域は不明。倒壊した建築材や樹木が若干取り片付けられている様子がみえるから、同年秋頃の撮影であろうか。

# 8　明治24年濃尾大地震被害写真

　明治24年(1891)10月28日午前6時38分頃、岐阜県本巣郡根尾村付近を震源地として、マグニチュード約8.0と推定される大地震が発生した。今日「濃尾大地震」と通称されるこの地震は、わが国最大級の地震の一つで、震域は、南西は中国・四国・九州、北東は中部・関東・東北と、北海道・沖縄を除く日本列島全体に及んだ。中でも岐阜・愛知・福井・石川・三重・滋賀の6県は激震地帯で、地震により根尾谷では東南－西北方向の大断層が出現し、根尾村水鳥付近では西側が約6m隆起し、同時に南南東に約4mずれた。この断層は岐阜県東南部の可児市西帷子から西北方向に延びて木曽川・長良川を横断し、同県西北部の本巣郡板所・長嶺、大野郡能郷などを経て福井県に入り、福井市付近まで達している。被害は、特に岐阜県美濃地域・愛知県尾張地域の人口の多い平野部に集中し、全体で家屋全壊14万2,177棟・同半壊8万324棟、死者7,273人・負傷者1万7,175人に達した。また、道路・橋梁・堤防の破壊、山崩れ等は約5万件であった。震源に近い根尾谷では、人口3,346人のうち死者142人、総戸数715戸のうち倒壊は675戸にのぼった。名古屋市でも洋風煉瓦造りの建物が瞬時に崩壊し、旧名古屋城も白壁剥落等の被害が出た。なお、岐阜県本巣郡根尾村(現本巣市)に生じた断層崖は、「根尾谷断層」として昭和27年(1952)特別天然記念物に指定されている。

　この地震を機として、明治24年12月に貴族院から政府に対して「震災予防に関する問題講究のため地震取調局を設置し、もしくは取調委員会を組織するの建議案」が提出され、翌25年6月27日に震災予防調査会が発足した。この委員会は、関東大震災後の大正14年(1925)に解消するまで、地震・火山・工学の各方面にわたって世界をリードする業績を残した。

　学習院大学図書館に収蔵される濃尾大地震被害状況写真は、愛知・岐阜両県の平野部における震災の状況を記録したもので、写真下に番号と地名を漢字あるいはカタカナで記し台紙裏面に「福山館★本店東京神田淡路町二丁目四番地★支店東京新橋丸屋町三番地★」の文字を回らした周縁内に「早取写真江木商店ゴム印判製造」と印刷の赤色円形シールが貼付されたもの(「東京神田淡路町二丁目江木松四郎」銘入り円形ゴム印押捺台紙使用1枚を含む)29枚と、写真台紙下に「尾張名古屋大須公園入口早取写真師中村牧陽写」と印刷の台紙に貼付された46枚とがあり、このうち前者と同種の写真が宮内庁書陵部にも収蔵されている。

根尾谷断層(『帝国大学理科大学紀要』第5冊4号より)

1　名古屋城天守閣及清須櫓地震后ノ図　名古屋市中区にある旧名古屋城の被災状況を撮影した写真で、白壁に亀裂・剥落がみえる。中村牧陽写真。

2　名古屋城罹災実景ノ図　同じく旧名古屋城の被災状況を示した写真。中村牧陽写真。

3 名古屋根木町　正しくは「名古屋市禰宜町」で、現在の名古屋市中村区名駅南付近にあたる。江木商店写真。

4 ナコヤ、ヒロコージ　正しくは「名古屋市広小路」で、現在の名古屋市中区錦付近にあたる。江木商店写真。

5 ナコヤヒロコージ　図4と同じく広小路。江木商店写真。

6 名古屋広小路筋仮小屋避難ノ図　現在の名古屋市中区錦附近に震災後建設された仮設家屋。中村牧陽写真。

7 ナコヤ本町　現在の名古屋市中区御幸本町通で、旧名古屋城から熱田へ通じる幹線道路の本町筋北端にあたる。江木商店写真。

8 ナコヤ清水町　現在の名古屋市北区清水にあたる。清水町は明治11年（1878）に成立した町名である。江木商店写真。

9 ナコヤシミズ町　江木商店写真。

10 名古屋郵便電信局破壊ノ図　中村牧陽写真。

11 大曽根坂下家屋崩壊ノ図　名古屋市北区と東区に跨る東大曽根町付近の被害状況。中村牧陽写真。

12 庄内川堤防ヨリ名古屋市街破壊ノ遠景　庄内川は、美濃・三河山地を水源とし、名古屋市の北・西を迂回して伊勢湾に入る河川で、その堤防付近の瓦葺民家の倒壊状況。中村牧陽写真。

13 熱田町尾張紡績場器械所破壊ノ図 現在の名古屋市熱田区尾頭町にあった尾張紡績場工場の倒壊状況で、トラスを上げた屋根構造が剥き出しとなっている。中村牧陽写真。

14 熱田町尾張紡績場裏面破壊ノ図 尾張紡績は、のちに三重紡績と合併した。中村牧陽写真。

15 愛知郡熱田神戸家屋崩壊ノ図 現在の名古屋市熱田区にあった熱田神宮神戸の被害状況。中村牧陽写真。

16　ビワシマ　正しくは「枇杷島」で、庄内川下流左岸、現在の名古屋市西区枇杷島付近にあたる。江木商店写真。

17　ビワシマ　江木商店写真。

18　庄内川枇杷島橋落橋ノ図　庄内川に架けられた枇杷島橋は、元和8年（1622）にはじめて架橋された古い橋で、枇杷島と対岸の西春日井郡下小田井村（現清須市西枇杷島町）とを結ぶ。中村牧陽写真。

19 西春日井郡西枇杷島町鉄道アーチ破壊ノ図
愛知県西春日井郡西枇杷島町は、現在清須市となり、庄内川右岸にある。中村牧陽写真。

20 西春日井郡西枇杷島町震災実景　中村牧陽写真。

21 西春日井郡西枇杷島町焼跡ノ図　中村牧陽写真。

22 西春日井郡西枇杷島町於第三師団兵死休掘索ノ図
同じく西枇杷島町内での名古屋衛成の陸軍第三師団兵
による震災圧死者の捜索状況。中村牧陽写真。

23　西春日井郡役所門前道路破壊ノ図　愛知県西春日井郡下小田井村（清須市西枇杷島町）の宝国寺にあった西春日井郡役所前道路の亀裂状況。中村牧陽写真。

24　西春日井郡下小田井村堤防破壊家屋ノ間陥落ノ図　同じく下小田井村における地割れ陥没状況。中村牧陽写真。

25　西春日井郡下小田井村堤防破壊ノ図
中村牧陽写真。

26　西春日井郡下小田井村堤防大破壊ノ図
中村牧陽写真。

27　西春日井郡下小田井村堤防突出ノ図
中村牧陽写真。

28　西春日井郡下小田井村堤防ニ於テ避難ノ図　同じく下小田井村での被災者が庄内川堤防上に仮小屋を建てて避難している状況。中村牧陽写真。

29　西春日井郡下小田井村家屋陥没ノ図　中村牧陽写真。

30　西春日井郡二ツ杁道路亀裂ノ図　現在の愛知県清須市西枇杷島町二ツ杁での道路の亀裂状況。中村牧陽写真。

31　西春日井郡清洲本丸ノ図　愛知県西春日井郡清洲町清州(現清須市)での家屋倒壊状況写真。中村牧陽写真。

32　西春日井郡清洲本町被害ノ図　同じく西春日井郡清洲町清州での家屋崩壊状況の俯瞰写真。中村牧陽写真。

33 キヨス　正しくは「清洲」で、図32とほぼ同一の場所で撮影した写真。江木商店写真。

34 キヨス　西春日井郡清洲町清州の家屋倒壊状況写真。江木商店写真。

35 西春日井郡川中島道路亀裂ノ図　現在の名古屋市北区川中町にあたり、庄内川と矢田川の堤防に囲まれた位置にある。中村牧陽写真。

36 丹羽郡多加木村筋違橋突出ノ図
現在の一宮市多加木で、大江川の上流左岸に位置する。大江川に架けられた橋の破損状況と推定される。中村牧陽写真。

37 一ノ宮 一ノ宮は、木曾川南岸にあり、真清田神社の門前町として発達したところ、同社が尾張国一宮であったところから名づけられた。現在の愛知県一宮市の中心部での被災状況。江木商店写真。

38 一ノ宮 江木商店写真。

39 中島郡一宮町震災ノ図　現在の一宮市中心部における家屋倒壊状況。中村牧陽写真。

40 中島郡一宮町憲兵屯所傾向ノ図　同じく一宮市中心部にあった陸軍憲兵詰所の被害状況。中村牧陽写真。

41 真清田神社勅使殿及拝殿床下地割ニ噴水傾向ノ図　愛知県一宮市真清田にある尾張一宮、旧国幣中社の真清田神社の勅使殿・拝殿の地下が地割れし、地盤の液状化現象が生じた状況。中村牧陽写真。

42 中島郡国幣真清田神社山門前人民避難ノ図　中村牧陽写真。

43 葉栗郡黒田村窮民焚出場ノ図　愛知県葉栗郡木曾川町大字黒田（現一宮市木曽川町黒田）付近。黒田は尾張平野の北西部、木曾川左岸に位置する。中村牧陽写真。

44 葉栗郡北方村震災及道路被破壊ノ図　北方村は、現在の愛知県一宮市北方町にあたり、尾張平野の北部、木曾川の左岸にある。道路の亀裂が著しい。中村牧陽写真。

45 キタガタ　正しくは「北方村」。江木商店写真。

46　海東郡津島町民天王川堤ニ避難ノ図　海東郡津島町は、現在の愛知県津島市津島で、木曾川下流左岸に位置し、牛頭天王で有名な津島神社がある。天王川は神社東の川で、現在天王川公園がある。中村牧陽写真。

47　岐阜県笠松全焼第一ノ図　現在の岐阜県羽島郡笠松町内、笠松は木曾川下流右岸にあり、名古屋—岐阜間の街道に沿い、木曾川水運の拠点の一つであった。濃尾地震により総戸数1,005戸のうち全壊593戸・半壊25戸・全焼387戸と全滅に近い被害を受けた。中村牧陽写真。

48　岐阜県笠松全焼第二ノ図　中村牧陽写真。

49 木曾川東岸ヨリ笠松全焼ヲ遠望ノ図　木曾川の東岸からみた、被災地の笠松町の全景写真。中村牧陽写真。

50 カサマツ出口　正しくは「笠松町出口」。町外れの道路の亀裂・崩壊状況。江木商店写真。

51 キフ入口　正しくは「岐阜市入口」。名古屋から岐阜に到る道路の亀裂・崩壊状況。江木商店写真。

52 キフ　正しくは「岐阜市」。現在の岐阜市は、長良川の中流で金華山とその西麓に広がる岐阜県庁所在地。濃尾地震で市中の6,346戸中、全半壊3,743戸・全半焼2,093戸、死者245人の被害が出た。江木商店写真。

53 キフ火ジバ　正しくは「岐阜市火事場」、同じく岐阜市内の火災状況。江木商店写真。

54　キフ火ジバ　正しくは「岐阜市火事場」。江木商店写真。

55　カガ村港口　正しくは「鏡島村港口」、現在の岐阜市鏡島。長良川中流左岸の村で、濃尾地震により総戸数149戸中、全壊43戸・半壊103戸、死者10人の被害が出た。江木商店写真。

56　ナカラ川　正しくは「長良川」。岐阜県中央部を南流し、伊勢湾に注ぐ長良川は、下流で木曾川・揖斐川と合流するため、しばしば水害を起した。橋脚が崩れ、平伏した鉄橋が見える。東海道線の鉄道鉄橋であろうか。江木商店写真。

57 美江寺 美江寺は、もと岐阜県本巣郡美江寺村、現在の岐阜市美江寺町にあたる。江木商店写真。

58 大垣入口 キフヨリ 岐阜県大垣市東部の倒壊した瓦葺建物の屋根。江木商店写真。

59 大垣火ジバ 岐阜県大垣市内の地震火災の被害状況。江木商店写真。

60 竹ケ鼻入口 大垣ヨリ 竹ヶ鼻は長良川中流左岸にあり、岐阜県葉栗郡竹ヶ鼻町、現在の羽島市竹鼻町。濃尾地震で総戸数1,250戸のうち、全壊610戸・半壊2戸・全焼638戸、死者551人を出した。江木商店写真。

61 竹ケ鼻出口 同じく竹ヶ鼻の愛知県一宮市寄りの被災状況。江木商店写真。

62 玉ノ井村 愛知県葉栗郡玉ノ井村、現在の一宮市木曽川町玉ノ井。木曾川中流左岸堤防の亀裂・崩壊状況。江木商店写真。

63　長間村　木曾川中流右岸にあたり、現在の岐阜県羽島市上中町長間。濃尾地震で全壊家屋192戸・半壊10戸、死者1人を出した。江木商店写真。

64　長間村　同じく長間村の被害状況写真。江木商店写真。

65　加ノー村　正しくは「加納村」で、岐阜県安八郡加納村、現在の同県同郡神戸町加納。揖斐川下流右岸にあり、濃尾地震で総戸数61戸中、全壊55戸、死者1人を出した。江木商店写真。

# 9　明治26・29年郡司成忠海軍大尉・報效義会写真

　郡司成忠海軍大尉は、万延元年(1860)に幕臣(表坊主)幸田成延の次男として江戸で生まれた。小説家の幸田露伴、経済史研究者の幸田成友は弟である。幼少で表坊主であった郡司家に養子に入った。明治5年(1872)に海軍兵学寮に入学し、同12年に海軍少尉補となり、海軍大尉まで昇進した。この間にウラジオストック、バンクーバー、ビクトリアへ回航した。

　同24年11月、明治天皇はロシアの脅威から開拓と北洋警備を重視して、片岡利和侍従を千島列島に差遣した。これに強く心を動かされて同26年郡司は予備役となり、報效義会を組織した。同年3月20日、郡司は予備役50余名を率いて、海軍省から貸与された手漕ぎボートで北を目指し、東京を出発した。当時、新聞はその挙を讃し、熱狂的送迎は錦絵にも描かれた。

　青森県八戸沖と白糠沖での遭難という悲劇に見舞われながら、一行は8月31日に占守島に到着。越年して気象・風土を調査し、農耕が可能で居住も容易であり、ラッコなどの高価な海獣や魚群の宝庫であることを確認した。しかし越年には多くの犠牲を伴った。

　翌27年7月19日に郡司は東京に戻り、8月1日に始まった日清戦争に応召して、大連湾水雷敷設隊分隊長として従軍した。日清戦争後、報效義会は明治政府の補助を受けて、同29年第二次移住を果たした。占守島には報效義会本部が置かれ、次世代養成のための学校等も開設された。

　日露開戦の報が入ると、郡司は報效義会会員による義勇隊18名を組織して、カムチャッカ進撃を試みた。だがすぐにロシア軍に捕えられて捕虜となった。またこの時期、報效義会会員の多くは占守島からの退去を余儀なくされた。

　同38年12月、郡司らは帰国。同41年、郡司はロシア領沿海州水産組合の初代組合長となり、日露講和条約によってロシアから獲得した漁業権益の発展に努めた。なお、沿海州とはロシアのシベリア地方東端部、アムール河以東の日本海に面した地域を指す。

　第一次世界大戦中の大正3年(1914)、郡司は特殊任務をおびてシベリアで活動し、同9年病をえて帰国した。晩年は神奈川県小田原で過ごし、同13年8月15日に没した。

　占守島には、日露戦争から40年を経た昭和20年(1945)の敗戦時まで、初代報效義会会員の別所佐吉とその子息・二郎蔵の家族が住み、拓殖を続けた。同地には報效義会会員の活動を記念した「志士の碑」と郡司大尉の碑、昭和10年に没した別所佐吉を顕彰する「別所翁之碑」が建つ。

　本写真群は、郡司成忠海軍大尉の晩年の日記・葬儀書類、報效義会の諸記録、白糠沖で遭難した三番艇関係書類等とともに、平成8年(1996)1月に学習院大学史料館が受託したものである。写真の多くは一度、黒色台紙のアルバムに貼られ、剥がされたものと推察される。このなかには裏書がある写真が含まれており、原則として裏書を史料名として採用している。

郡司成忠(海軍武官の大礼服姿)

1　明治26年3月22日長浦にて郡司大尉北航艇一行の記念撮影　「明治26年（1893）3月22日長浦にて郡司大尉北航艇一行の記念撮影、侍従米田男爵所蔵による本邦唯一の資料、『郡司大尉』広瀬彦太による」と裏書されている。長浦は現神奈川県横須賀市長浦町。当時、報效義会事務所があった。侍従米田男爵は陸軍歩兵中佐米田虎雄のことで、同日同所に状況視察のため天皇から差遣されていた。広瀬彦太は海軍大佐で『郡司大尉』（鱒書房、昭和14年刊行）などの著者。同26年設立した報效義会の命名は宮内大臣土方久元子爵による。写真の前列右から3番目の海軍士官正服が郡司大尉。

2　明治二十九年報効義会員　「明治二十九年報効義会員、大尉ノ左側ノ大人ハ勇若者横川勇次郎氏」（ママ）と裏書されている。日清戦争に従軍しなかった報効義会会員と家族は択捉島紗那（しゃな）などで自活を図り、郡司大尉らの帰還を待った。明治29年（1896）年8月末、郡司と報効義会会員57名は占守島に到着。同年10月には家屋新築がなり、第二次移住を果たした。写真の前列中央の海軍士官正服が郡司大尉。左の横川勇次（省三）は通信員として随行した東京朝日新聞の記者。横川は日露戦争勃発直後、スパイとして捕われて銃殺される。

3 ［海軍水兵との記念写真］　前列中央の和服が郡司大尉。のちに南極探検隊長となる白瀬矗(のぶ)中尉ほか4名は陸軍出身であったが、報効義会会員の多くは海軍の退役下士官と兵卒であった。

4 ［日の丸前集合写真］　占守島に移住後、一般の祭日と東京・隅田川出帆の日（3月20日）に報効義会会員は休業し、国旗を揚げて祝意を表したという。

5 岡山の有志　「岡山の有志」と裏書されている。郡司大尉は報效義会会長として海軍・政治家・財界人とのパイプを形成するほか、日本各地を遊説して廻り寄付金の募集、入会を呼びかけた。このうち明治34年（1901）に始まる報效船隊設立活動に関して報效義会『日誌』がある。それによれば、講演会は講演と幻燈（げんとう）の二部構成で、多くの人を集めた。郡司大尉の岡山遊説は同35年1月9日上ノ町自由会でのものが確認できる。同道は郡司大尉の長男智麿（17歳）と報效船隊専務吉田正平氏。ただし本図がそのとき撮影されたものかは不詳。前列中央で腕を組むのが郡司大尉。

6 占守丸　「占守丸母上ヨクお覚え在し」と裏書されている。

7 報効丸 占守丸　「報効丸・占守丸」と裏書されている。ともに
木製スクーナー（縦帆のみを備える2本マスト型）。

**占守丸と報効丸** 第一次移住時の報効義会所属船は、手漕ぎボート5隻のほか、千島行の途上に福島県下の原釜で購入した鱈釣りの古い1本マストの帆船(第一報効丸)であった。その後明治28年(1895)軍艦2隻を購入。第二次移住時中の同32年、北海道庁を通じて内務省から漁業奨励船として占守丸・第二報効丸を貸与された。占守丸の船舶番号は4159。同32年6月緒明造船製造。総トン数91 t 。長さ80.7尺、幅19.3尺。北海道庁所属。第二報効丸は同43年11月に白瀬矗陸軍中尉らの南極探検の用船として譲渡、開南丸と改称された。

8 幌筵海碇泊中の報効丸 占守丸 「幌筵海碇泊中の碇泊中の報効丸・占守丸(スミケシ)(ママ)」と裏書されている。幌筵島(ぱらむしる)は温禰古丹島(おんねこたん)の北、占守島の南に位置する。

9 ［航行中の様子］

10 ［汽　船］　汽船とは主として機械力をもって運航する装置を有する船舶をいう。

11 ［カッター］　カッターは主として錨の回収・運搬に使用された端艇のことで、艦船に搭載された。

12 ［洋上での作業］

13 ［洋上での作業］

14　瀬戸内海ニ於ル大和形船
「瀬戸内海ニ於ル大和形船」と裏書されている。

15　長呂丸ニテ　「長呂丸ニテ、村田の顔を御覧(スミケシ)」と裏書されている。デッキハウスの上を船尾から船首に向かって撮影したもの。

16　[船上の人]

17　報效丸船長榊原船長　「報效丸船長榊原船長」と裏書されている。榊原作太郎氏。船長が手をかけているのは羅針儀。

18　榊原船長　木村清吉　「榊原船長・木村清吉」と裏書されている。木村氏が着用しているのは水兵服。

19　石川丸甲板上の中川船長　「石川丸甲板上の中川船長」と裏書されている。中川倉吉。石川丸は帆船。明治3年（1870）東京石川島で製造された。総トン数115ｔ。

20　占守丸船長安岡氏　「占守丸船長安岡氏」と裏書されている。安岡船長が肘を掛けているのは帆の昇降をするためのキャプスタン。

21　水夫と安岡船長　「水夫・安岡船長」と裏書されている。デッキの上にあるカッターの脇で撮影されたもの。

22　明治三十七年郡司大尉ト共ニ堪察加ニ於テ露人ニ捕ハレタル医者小田直太郎氏　義勇隊の一員。義勇隊は、明治37年（1904）6月にカムチャッカ半島西海岸のオゼルナヤに捕鯨用大砲を放ったのち上陸。上陸後に郡司大尉と行動をともにし、ヤヴィノ村で捕われた。

23 岡野新吉 カムチヤツカニテ死せたる員
「謹呈 郡司智麿殿 明治三十四年十月廿九日岡野新吉」・「カムチヤツカニテ死せたる員」と裏書されている。郡司智麿は大尉の長男で、のちハバロフスクの副領事を勤めた。

24 岡野新吉 明治三十七年郡司大尉ト共ニ堪察加ニ於テ捕ハレ殉難セン 明治37年(1904)に義勇隊としてオゼルナヤ上陸後に郡司大尉と同行した3名のうちの一人。

25 木村清吉と厨夫 木村は明治29年(1896)の報效義会「日誌」に紗那尋常小学校生徒として名前がみえ、また同年正月を択捉島紗那で迎えた会員の一人と知られる。

26　国府孝作　「国府孝作」と裏書されている。羅針儀の前での撮影である。第二次移住時、報効義会気象観測係を勤めた。

27　報効義会員　故国府孝作　「報効義会員　故国府孝作」と裏書されている。

28　報効義会会員　故澤田三郎君　明治35年(1902)報効船隊基金のため東北に遊説した郡司大尉に随行。同37年義勇軍通訳として郡司に同行し同地で没した。

29　報効義会会員　故町田清四郎　明治三十三年温禰古丹島ニテ撮影　明治33年(1900)報効義会員4名が温禰古丹島黒石湾へ移住した。その時の撮影か。

30 韓国馬養島海岸ニテ占守丸乗組通弁及船員　「韓国馬養島海岸ニテ占守丸乗組通弁及船員」と裏書されている。馬養島は咸鏡南道(ハンギョン)に属す。

31 国の瀬と申家大工　「国の瀬と申家大工占守島に死ス」と裏書されている。国の瀬は杭之瀬の誤りか。明治29年(1896)の報効義会「日誌」によれば、杭之瀬安之助氏は同年正月を択捉島紗那で迎えた報効義会会員で、大工として第二次移住時に尽力した。

32 明治三十三年谷玖満子　五十七歳

33 愛子 縞子

34 ［占守島報效村の冬籠り］　占守島報效村は片岡湾に面した平地に建設された。
別所二郎蔵の妹鈴木佐和子作画による明治36年（1903）報效村略図によれば村内に
は住宅のほか事務所・倉庫・病院・クラブ・砲台などがあった。

35 シャコタン村長ヤコブ　色丹島はノサップ岬の北東73kmにある面積253.33平方kmの島。

36 色丹島土人風俗　明治17年（1884）以来、明治政府により国境近くの千島アイヌの人々は色丹島に強制的に移住させられていた。

37 ヤヴィナ土民　ヤヴィナはヤヴィノ。ヤヴィノはカムチャッカ半島にある村。明治37年（1904）6月郡司海軍大尉と義勇隊はオゼルナヤに上陸、7月ヤヴィノ入村後に捕えられた。カムチャツカの先住民族はイテリメン人、エヴェン人、コリャーク人、アレウート人、チュクチ人。

占守島　占守島は千島列島の最北端に位置し、根室の東北1200kmにある。面積は385平方km（琵琶湖の半分）。海抜200m未満の熔岩台地でできた火山島で、丘陵と沼沢地・草原が入り混じる。大きな樹木はない。禿山にちかく、榛の木や這松などが繁茂。夏季は15度、冬季はマイナス15度。夏季は濃霧の発生、冬季には猛吹雪に悩まされる日が多い。島内の片岡に報效村が建設された。オホーツク海に面した別飛には別所佐吉家が定住した。占守島は幌筵島とともに北洋警備の根拠地で、国端崎・沼尻・蔭ノ澗・長崎・別飛・片岡に北方部隊が配備されていた。終戦後の昭和20年（1945）8月18日から21日にかけてソ連軍と衝突、戦場となった。

38　占守島干潮時　「占守島干潮時瀑ノ下ニテ北ヲ望ム。遠藤博士写。採取胴印の傍にはへて居るのは今回発見の新種でありましてネヂレコンブと命名しました。海藻学上主要なる問題を解決しました」と裏書されている。

39　占守島干潮時片岡湾北岸
「占守島干潮時片岡湾北岸。広漠なる海藻原も現出致しました。子（ネ）コアシコンブは此原の周辺夥くあります」と裏書されている。
片岡湾は明治24年（1891）から翌年にかけて差遣された片岡利和侍従にちなんでつけられたもの。

40 瀑の下露出礁　「瀑の下露出礁。ハロサクシオン、クランゲフォルメ即ちハロサクシオン、ハイドロフォラ密生所ニ方言タサト云ふ海苔も見へます」と裏書されている。

41 瀑の下干潮時 昆布　「瀑の下干潮時ラミナリヤロンギペス、此混布ハ従来日本ニ在りとは知りませなん(ママ)だ、柄のて長く細く長い混布です」と裏書されている。

42 バイケイソウ　「バイケイソウ、之レは有毒で食用ニ供させれません(ママ)、占守島　遠藤博士写」と裏書されている。バイケイソウはユリ科シュロソウ属。

43　占守島採取ヶ原　「採取ヶ原(占守島)。一度は見ル可き所です。小田先生と遠藤博士」と
裏書されている。6月から7月にかけて白や黄色の草花がいっせいに咲揃い、野の果実である
チシマイチゴが草むらに彩を添えた。川も遡上の魚で満ちたという(『わが北千島記』)。

44　[占守島採取ヶ原の植物]　「ハイマツ、ミヤマハンノキ、キバナシャクナゲ、占守の木々此の
写真一枚ニ悉くして居ます、ユーカラ小田先生の面白い芸が始まるのです」(裏書)。

45 キバナシャクナゲ・ミヤマハンノキ 「キバナシャクナゲ、ミヤマハンノキ、墓地の東方とても歩かれたものではありません」と裏書にある。

46 エゾノコザクラ 「エゾノコザクラ、紫色の小い極て可愛らしい草花であります、何の為にツマリ誰に見て呉れとてコンナ愛らしい花が此の島ニ沢山あるか分かりません」と裏書にある。

47 占守島採取ヶ原の美観 イハムメ イハウメはイワウメのこと。高さ3cmほどの常緑小低木。初夏に梅に似た1cmほどの白色の花をつける。

48 イハヒゲ 「イハヒゲ、日光男体の絶頂ニ行つタ様です」と裏書されている。

49　勘察加鮭後水際ニ遺棄セルるは鱒也　「勘察加鮭後水際ニ遺棄セルるは鱒也。彼等は黄金を獲る島にして白銀を棄つる者なり」と裏書にある。勘察加半島はユーラシア大陸の北東部にある半島。南は千島海峡を隔てて占守島と向かい合う。

50　勘察加ニ於テ　カムチャッカ半島の面積は約37万平方km。ユーラシア最大の火山地帯であり、地熱資源も豊富である。

51　勘察加天幕生活　「勘察加天幕生活。右の端ニ見へるのは小逕(スミケシ)は熊の通路であります」と裏書されている。

52 オゼルナヤ河口　「オゼルナヤ河口」と裏書されている。オゼルナヤ川はカムチャッカ半島西岸に位置する。現在も紅鮭の産地として知られる。

53　温禰古丹島　幌筵島の南、捨子古丹島(しゃすこたんとう)の北に位置する。大きさは南北42.5km、幅7〜16km。濃霧が多く夏でも根雪が残る。

54　北千島の花況　はくさんいちゲ
「北千島の花況　はくさんいちゲ」と裏書されている。ハクサンイチゲはキンポウゲ科イチリンソウ属。7月、白色の萼をもつ3〜4cmの花を散形状に5個ほどつける。

55　択捉島単冠湾ラツコジマ　「択捉島 単冠湾ラツコジマ、スノウは此処で一冬に七拾頭を捕りました事が御座ります、凡て今は夢であります」と裏書にある。スノウは英国人H・J・スノーのことで、その密猟を指す。

56　[巌恋温泉場]　図中看板に「巌恋」とあるが場所は不詳。

## 10　明治32年頃江田島海軍兵学校写真

　海軍士官の養成機関であり、明治初年の海軍兵学寮を改称した海軍兵学校は、明治21年（1888）8月1日それまでの東京築地から広島県安芸郡江田島に移転した。しかし、当初は施設がなく、船を仮校舎としていた。明治26年6月に施設が竣功、以来「海兵の江田島」として「陸士（陸軍士官学校）の市ヶ谷」とともに昭和20年（1945）の敗戦による軍事組織解体までならび称された。その卒業生は海軍の拡張に伴い年々増加の一途を辿り、明治初期には年間十数名に過ぎなかったが、日露戦争開戦時の明治37年には192名、太平洋戦争直前の昭和15年には289名、同17年には581名、敗戦時の同20年には1,024名であった。

　学習院大学図書館収蔵の写真は、台紙様式の違いから数種類に分類できるが、多数を占める様式の台紙中の「砲台操煉」写真台紙裏面に「明治卅二年十一月廿八日写之」の墨書があるので、多くはその頃に撮影されたと推定される。なお、学習院には海軍兵学校を志願する学生のために海軍予科（明治23年7月～同32年9月）が設置されていたことがある。その後、海軍兵学校の制度変更によって特別の準備を必要としなくなったため、海軍予科は廃止されたが、その後も志願する学生は多かった。

　明治37・38年の日露戦争時の連合艦隊司令長官東郷平八郎は、海軍兵学校の出身ではないが、その指揮下にあって日本海海戦などを戦った海軍士官の多くは、江田島海軍兵学校の出身者であった。

戦艦三笠と東郷平八郎署名

1　江田島兵学校　台紙裏面に「江田島兵学校」のペン書きがあり、江田島の海軍兵学校施設の全景を山上から俯瞰撮影したものである。海岸に面した広い運動場奥の2階建て洋館の生徒館を中心に諸施設が立ち並んでいる。なお、写真台紙には「広島県広島市大手町二丁目　野々垣五一」と印刷されている。

2　［江田島兵学校運動場］　広大な運動場を撮影したもので、奥に生徒館の全景がみえる。台紙裏面に「明治三十九年八月花房海軍大尉寄贈」と記され、兵学校教官の花房太郎海軍大尉の寄贈である。大学図書館所蔵の台帳には「運動場」と記されている。

3 ［運動場整列］　運動場での生徒の整列を地上から撮影した写真で、図4・5とともに「明治卅二年」撮影写真と同種の台紙に貼付されている。

4 ［運動場での訓練（一）］　図5とともに、運動場での生徒の訓練の状況を生徒館上から撮影した写真。

5　［運動場での訓練（二）］

6　野砲発砲と中隊四列射撃　写真台紙裏面に「右ナルハ野砲発砲ノ所　左ナルハ中隊四列射撃」と墨書されている。図7〜9もほぼ同一訓練の写真で、同時期の撮影であろう。

7 ［発砲訓練］

8 ［発砲訓練］

9 ［野砲発砲訓練］

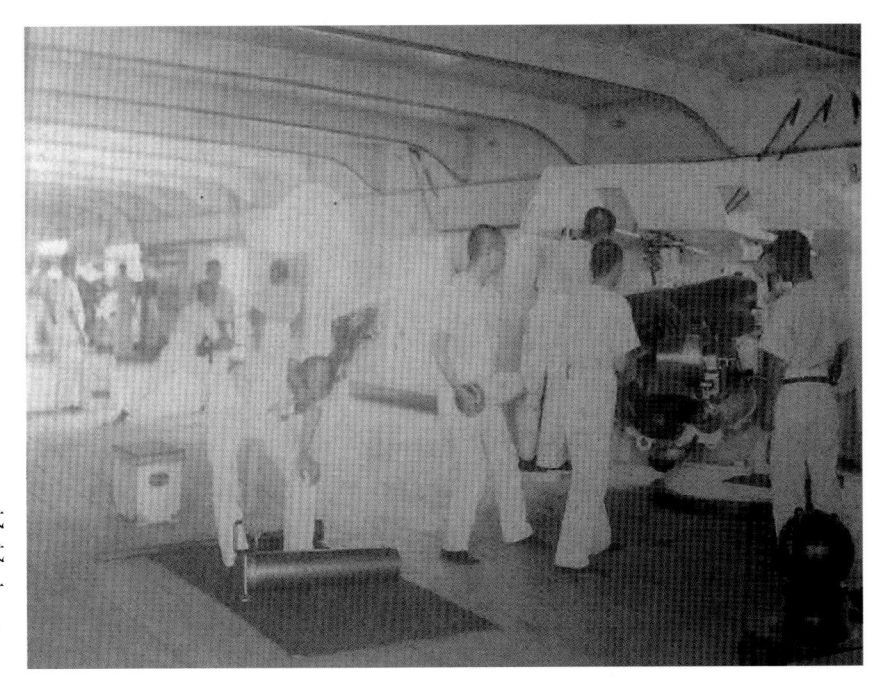

10　砲台操煉　「砲台操煉 最モ右ナルハ安式十五吋速射砲 其左ナルハ重四十七密里 保式山内自動閉鎖器速射砲ナリ 明治卅二年十一月廿八日写之」と台紙裏面に墨書されている。

11　[砲台操煉]

12　[艦内訓練]　図11・12は、ともに軍艦内部状に造られた室内の図10と同一場所での砲撃訓練と匍伏訓練の写真で、同時期の撮影。すなわち明治32年(1899)11月28日頃と推定される。

# 11　明治35年八甲田山第三十一連隊雪中行軍写真

　青森市南部の八甲田山での軍隊の雪中行軍は、陸軍第八師団管下の青森衛戍歩兵第五連隊が実施し、多数の凍死者を出した明治35年（1902）1月の事件が著名である。第五連隊の雪中行軍は、寒冷地の戦闘及び敵軍艦による沿岸封鎖に対処するために冬期の青森・弘前・八戸間の交通・通信路確保等の研究実験を目的としたもので、山口鋠陸軍歩兵少佐・神成文吉同大尉の指揮の下、中隊編制の210人が同年1月23日に、青森市の兵営から北八甲田連峰北麓の田代平（現青森市田代平）を経て三本木（現十和田市）に抜けるため出発した。しかし、同日午後からの猛吹雪のため青森県東津軽郡田茂木野村（現青森市田茂木野）付近で途を見失い、第1日目の目的地田代平にも到着できず、26日まで環状彷徨を繰り返した末、全滅に近い199人の凍死者を出した事件であった。

　一方、第五連隊遭難事件と同時に同じ目的で実施された、同じく陸軍第八師団管下の弘前衛戍陸軍歩兵第三十一連隊の雪中行軍は、新田次郎の小説『八甲田山死の彷徨』が発表されるまであまり知られる事がなかった。この雪中行軍隊は、福島泰蔵陸軍歩兵大尉を指揮官とし、将校3・見習士官2・見習医官2・下士官候補生19・喇叭手2・従卒2の小隊編制の38名に、地元東奥日報記者1名を加えたもので、1月20日に弘前の兵営を出発し、樵人・猟師等の雪山に詳しい地元の案内人を立て民宿を繰り返しながら、十和田湖の南側を迂回して、25日陸羽街道沿いの三本木（現在の十和田市三本木）に到達。翌26日三本木を出て増沢で1泊、27日にも6名の地元案内人に立てて、北八甲田連峰の麓を通って田代平を目指したが、吹雪のため目的地を見失い露営の上、途中第五連隊兵の銃器を拾得して29日未明に田茂木野村に到着し、31日全員が無事弘前の兵営に帰還した。

　写真は、同行の高畑陸軍歩兵少尉の撮影にかかり、第三十一連隊長からの寄贈品で、受贈時期は不明ながら明治35年中と思われる。恐らく、雪山対策の資料として関係機関等に配布されたものであろう。

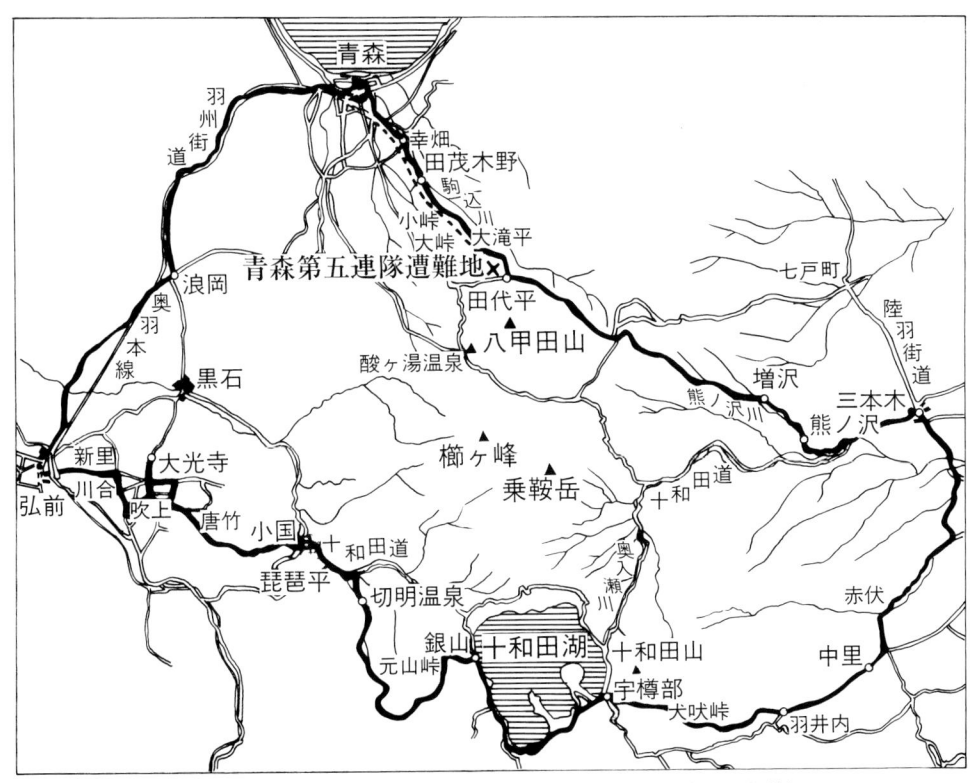

歩兵第三十一連隊雪中行軍経路図（新田次郎『八甲田山死の彷徨』文庫本付図に加筆）

1 ［雪中行軍隊出発当日ノ休憩］　写真台紙裏に、「第壱号図ハ雪中行軍隊明治卅五年一月二十日即チ出発ノ当日南津軽郡大光寺村大字本町菊池健雄庭内ニテ休憩ノ際高畑歩兵少尉之ヲ撮影ス　他ノ写真図モ亦同少尉ノ撮影ニ係ル」と印刷の紙が貼付されている。第三十一連隊雪中行軍隊全員の集合写真である。大光寺村は現在の平川市大光寺となっている。

2 ［黒倉山通過時ノ難路状況］　「第弐号図ハ一月二十日雪中行軍隊黒倉山通過ノ際難路ノ状況ヲ撮影セルモノナリ　此ノ如キ難路ハ十和田山八甲田山等積雪ノ為メニ処々在リシガ大風雪ニ妨ケラレ再ビ其状況ヲ撮影スルノ時機ヲ得ズ」と台紙裏面に説明書が貼付されている。図は、行軍中の難路の様子を撮影したものだが、これ以降の十和田山や八甲田山の難路については、積雪や大風雪のため撮影できる状況ではなかったという。

3 ［行軍隊琵琶台通過ノ状況］　「第参号図ハ一月二十一日雪中行軍隊小国ヲ発シ琵琶台通過ノ状況ナリ　嚮導トシテ先頭第一ニ在ルハ樵夫第二ニ在ルハ南津軽郡竹舘村々長相馬清次郎ナリ　此附近ハ山巓ニシテ風ノ為メニ積雪少ナク行路脛ヲ没セズ山巓ニアラザル部ハ一丈以上ノ積雪ナリシナリ」の説明書が台紙裏面に貼付されている。図は、尾根あたりの様子で、風のために積雪は膝まで達していないが、その他の場所では1丈、約3mにも及んでいたという。小国は、当時南津軽郡竹舘村に属し、現在は平川市の地名で、琵琶台は小国近くの琵琶平のこと。

4 ［雪中行軍隊十和田山中ノ渓谷下降状況］ 裏面の説明によれば、図は比較的楽な場所での行軍の様子で、急斜面では座り込んですべりおりるような状況で撮影できなかったという。

5 ［倉手山断崖ノ氷筍ヲ看テノ休憩］ 裏面の説明によれば、八甲田山に向かう前日の撮影で、断崖に懸かる氷筍（つらら）が状況の厳しさを示していて、以後の写真撮影ができなかったという。

## 12　明治42年島根県美保神社写真

乃木希典

　島根県松江市美保関町美保関に鎮座する旧国幣中社美保神社は、三穂津姫命と事代主神とを祭神とする。事代主神は大国主神の子で、天孫降臨に先立って高天原より使者が出雲の大国主神のもとに来て、国譲りのことをたずねた時、事代主神は美保碕で釣をしていたが、それを当然のこととして、自らは美保の海中に蒼柴垣(あおふしがき)を造って隠れたと、『古事記』『日本書紀』が伝えている。もう1柱の祭神の三穂津姫命は、大国主神の后神である。神社の創建年代は不詳ながら、遅くとも大化前代の創建と考えられ、延喜式内社では小社ながら日本海航行の要衝の地に鎮座する神として信仰されている。江戸時代には松江藩主の庇護を受け、航海安全や商売繁盛の神として尊崇された。4月7日例祭当日の蒼柴垣神事、5月5日の神迎神事、8月7日の虫探神事、12月3日の新嘗祭・諸手船神事など、特殊な神事が多い。

　掲載した写真6枚は、みな「松江市殿町大野義守撮影」と印刷された台紙に貼付され、裏面に「明治四十二年八月二十日参拝紀念」と墨書される。さらに学習院大学図書館所蔵の写真台帳では、「伯爵乃木希典寄贈」として同年9月11日に登録されており、当時学習院長であった乃木希典が参拝の折に受贈し、学習院に寄贈したものである。因みに乃木希典は、明治40年(1907)1月31日から大正元年(1912)9月13日の自死まで学習院長の職にあった。

乃木希典

1　美保神社左殿・右殿　写真台紙裏面に「出雲国美保関　国幣中社美保神社　左殿　三穂津姫命　右殿　事代主神」の墨書がある。この大社造二殿連棟の美保造りの本殿は、文化10年（1813）の造営。

2　神跡　沖御前・地御前　写真台紙裏面に「出雲国美保関　国幣中社美保神社　神跡　沖御前　地御前」の墨書と「美保神社」朱印押捺がある。美保神社の沖つ宮と中つ宮にあたり、事代主神が隠れた場所との伝承をもつ。

**蒼柴垣神事**　図3・4ともに台紙裏面に題名と同じ墨書がある。蒼柴垣(あおふしがき)神事は4月7日の例祭当日に挙行される。事代主神が三穂之碕での国譲り承諾後に青柴垣に隠れたとの神話に基づき、四方に榊を付けた柱を立て周囲に笹を立て注連縄を張った神船2艘に神主等が乗り込み、港の中央で船内の儀を行って社前の宮の灘に帰る神事。

3　蒼柴垣神事　出船　四月七日

4　蒼柴垣神事　上陸　四月七日

**諸手船神事**　ともに台紙裏面に題名と同様な墨書がある。諸手船神事は、12月3日の新嘗祭当日に行われる。古代の刳り舟を模した諸手船2艘に各6人の漕手と大櫂・真榊持ち・大脇等の役が乗船して宮の灘に漕ぎ出し、美保湾内客人山にある大国主神を祀る客人神社を拝し、宮の灘に戻り、大櫂と神主とが応答祝言の儀を行い、湾内を六度回って帰還する神事。

5　諸手船神事　行列　十二月三日

6　諸手船神事　応答　十二月三日

# 13　明治42年大阪市北区大火被害写真

　明治42年(1909)7月31日午前4時20分頃、大阪市北区空心町2丁目(現天満橋1丁目付近)の民家の石油ランプから出火した火事は、炎天続きの乾燥と、強い東北の風にあおられて西へ拡大し、天神橋筋から南森町を一掃、昼前には第1防火線の天満堀川に達した。しかし、火は難なく飛び火して西天満を襲い大阪控訴院等の官公署や神社をひとなめし、堂島川浜一帯は避難者や家財道具で大混乱となった。第2防火線の梅田新道も突破され、午後8時半にはお初天神も焼失、猛火は北の新地から堂島浜通一帯を包み込み、米穀取引所・劇場・曾根崎川の橋等悉く焼き尽くした。第3防火線の出入橋付近も突破して西へ拡大し、一昼夜を経た8月1日午前4時頃福島区の一部も焼いて、漸く鎮火を見た。被災地域は約122ha、民家の焼失11,365戸に及び、多数の官公署や学校・企業・劇場・橋梁等が焼失した。消火活動は、地元警察と消防団では手不足のため大阪府知事の要請で陸軍第四師団兵3,394名が出動し、類焼を防ぐための民家取り壊しや火災後の応急復旧にあたったことが伝えられている。

　掲載する写真は、高松宮宣仁親王から学習院に下賜の絵葉書帖に収められた絵葉書である。大正12年(1923)9月1日の関東大震災により学習院の中等科・高等科校舎の多くは各種標本資料とともに全焼したが、当時海軍兵学校在学中の高松宮は、教材補充のため同年12月5日付けで宮邸所蔵の教材84件を学習院に下賜した。下賜品は歴史地理教材から動植物標本・地質鉱物標本とその図譜など各分野にわたっている。掲載した「明治42年大阪市北区大火被害写真」をはじめ、次節以降の「明治43年東京等大水害写真」「明治44年北海道室蘭日本製鋼所写真帖」「明治44年東北帝国大学農科大学博物館写真帖」は、いずれも大正12年下賜品の一部である。「明治42年大阪市北区大火被害写真」と「明治43年東京等大水害写真」は、ともに「風水災害」との表題が背に墨書された絵葉書帖に、発行者の異なる数種類の絵葉書が対象地区別に、発行者を無視して分類・収納されている。なお、絵葉書の表紙切手貼付欄にほとんど「三」と墨書ないし鉛筆書きされており、数字は明治天皇第三皇孫であった高松宮を示すと推定される。恐らく皇孫御殿において取得した絵葉書を各皇孫に配分の際に記入されたのであろう。

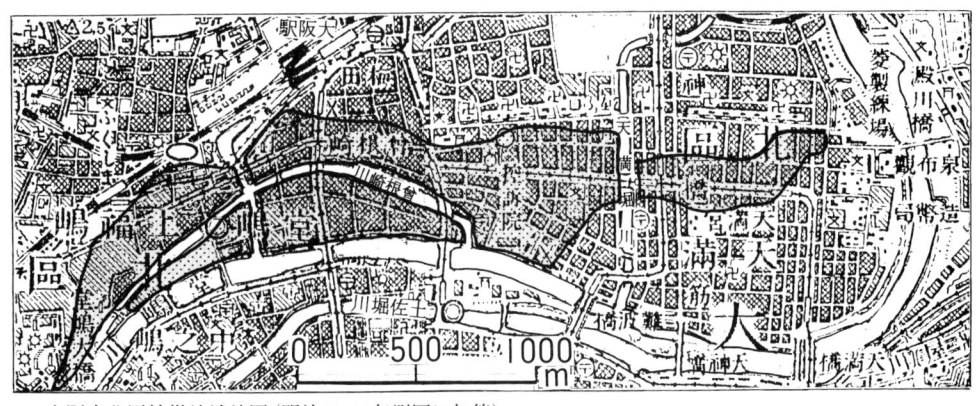

大阪市北区被災地域地図(明治42・43年測図に加筆)

1 （大阪ノ大火其一）中之島公園ヨリ見タル控訴院、猛火愈々迫ル　大阪市北区西天満の控訴院（現高等裁判所）背後の火炎を、堂島川を隔てて中ノ島より遠望。銀座上方屋製。

2 （大阪ノ大火其二）天満天神裏焼ケ跡全景　北区天満・天神橋筋裏の被災状況。銀座上方屋製。

3 （大阪ノ大火其三）避難者難波橋ヲ経テ中之島公園ニ荷物運搬ノ光景　北区の被災地から避難者が木造の難波橋を渡る光景。銀座上方屋製。

4 （大阪ノ大火其四）半焼失ノ大江橋ヨリ見タル控訴院幷ニ北署ノ惨状　半ば焼失した大江橋越しに控訴院・北警察署がみえる。銀座上方屋製。

5 （大阪ノ大火其五）福島方面全焼ノ惨状 猛火一掃満目荒涼　現在の大阪市福島区福島の火災直後の惨状。銀座上方屋製。

6　大阪日報社火災後ノ惨況　大阪市北区の大阪日報社の焼跡、焼損した印刷機等がみえる。

7 工兵隊大江橋架設工事 其一　半ば焼失した大江橋の工兵隊による応急修理の状況。大江橋は、堂島川に架かる幹線道路御堂筋線の橋。

8 工兵隊大江橋架設工事 其二

9 （大坂大火）お初天神附近ノ惨状　北区曾根崎2丁目のお初天神（露天神）社付近。

10 （大阪大火）桜橋ヨリ北新地ヲ望ム　北区曾根崎新地2丁目の桜橋からみた曾根崎新地の焼跡。

11 (大阪市未曾有ノ大火)知事官舎附近　北区堂島浜通2丁目にあった大阪知事官舎付近の状況。栗本商店発行。

12　焼失シタル福島五百羅漢　福島五百羅漢堂は、福島区福島の龍王山妙徳寺(鉄梅寺)のこと。

13 大阪市北区大火災中央ノ惨況　北区西天満付近の焼跡の状況。

14 北ノ新地桜橋焼落後船渡光景　曾根崎新地の曾根崎川に架かっていた桜橋焼失後の渡し舟による通行状況。

15（大阪市北区未曾有ノ大火）出入橋以西ノ惨状　北区の西端、堂島3丁目の曾根崎川
に架かっていた出入橋以西の福島区内の被害状況。

16（北区大火）大江橋荷物運搬実況　北区堂島・中之島間の堂島川に架かる大江橋を渡
って中之島へ逃れる避難者の状況。

17 （大阪市未曾有ノ大火）中ノ島軍隊ノ応援幷避難者　大阪府知事の要請で出動した陸軍第四師団兵の北区中之島での状況。

18 （大坂大火）堂島及北ノ新地ヲ望ム　曾根崎川上から南岸の堂島と北岸の曾根崎新地とをみた状況。

19 （北区大火）堂島附近焼失実況　北区堂島付近の火災後の状況。

20　大阪曾根崎新地火災後ノ惨況　北区曾根崎新地の被災地を曾根崎川からみた状況。

21　福島附近惨状　福島区福島付近の焼跡の惨状。

22 福島の焼止り　類焼が止まった福島区福島の半焼した民家。

23 (天満大火ノ内)堂島二丁目柳橋西詰ヨリ東ヲ向テ撮影　北区堂島2丁目の半焼した柳橋から北区中心部をみた状況。

# 14　明治43年東京等大水害写真

　明治43年(1910)8月は上旬から異常気象であった。すなわち、南方海上で発生した台風が日本列島に沿って北上、11日房総半島沖を通過して豪雨を降らせた。また、中部地方に次々と小型低気圧が発生して、山間部に大雨を降らせ、13日には小型台風が沼津付近に上陸、翌日東北地方で消滅したが、中部地方の低気圧を刺激して関東地方西部の山間に大雨を降らせた。このため、東日本各地の河川が増水、堤防の決壊や地滑りを引き起こし、家屋の浸水・流失、田畑の水没、道路・橋梁の流失等の災害を惹起した。被害は東北・関東・中部の全域にわたったが、中でも茨城・群馬・埼玉・千葉・東京・神奈川・長野・山梨・静岡と、岩手・宮城・秋田・福島の各府県の被害が甚だしかった。

　関東地方では、10・11日に諸河川が増水・氾濫したが、特に荒川・利根川・隅田川等の増水が甚しく、荒川では東京府北豊島郡岩淵村(現北区岩淵)・同郡志村(現板橋区志村)に沿ったところでは水位が約8m高まった。このため志村の平地での出水は約4.8m、同郡赤塚村で約4.5mの深さに達した。東京の旧市内も下谷(現台東区)・浅草(同)・本所(現墨田区)・深川(現江東区)の4区での出水被害がもっとも大きく、牛込(現新宿区)・小石川(現文京区)・本郷(同)3区の低地がこれに次いだ。旧市内の出水の深いところでは牛込区で約3.3m、下谷区・本所の両区で各3mに達した。東京府の統計によれば、全市での建物の破壊流失58棟、建物の床上浸水88,494棟・同床下浸水33,871棟、浸水戸数142,271戸に達し、死者18人・負傷者9人・行方不明3人にのぼった。このため、東京府は被害の大きい地区の小学校・寺院や、竣功したばかりの両国国技館等に罹災者を収容するとともに、8月11日には東京衛戍総督に軍隊の応援出動を要請し、翌日には赤羽工兵大隊が出動して隅田川の決壊堤防の応急修理にあたり、さらに被災者の救助や炊出し給食のために陸海軍の各部隊が出動した。明治天皇・皇后は、8月16日に日野西資博侍従を東京府下に派遣し被害状況を巡視させるとともに罹災者を慰問し、日根野要吉郎侍従を埼玉・千葉等の7県下に派遣した。

　掲載する写真は、「明治42年大阪市北区大火被害写真」と同じく、高松宮下賜の「風水災害絵葉書帖」に収納され、「三」と記入されていた絵葉書によるものである。93枚の絵葉書中で印刷・発行者名が明記されるものは5社34枚に過ぎないが、タイトルの付け方から本来の絵葉書集の姿はある程度復元可能で、約16種の絵葉書集を蒐集・分類して絵葉書帖に収納されたことが推定できる。既に「明治42年大阪市北区大火被害写真」の解説で記したように、関東大震災で標本資料を焼失した学習院に対して、教材充実のため高松宮が下賜した絵葉書帖は、動物関係2冊を含めて11件、14冊あり、各絵葉書帖には100～200枚の絵葉書が収納されている。その多くは高松宮が学習院初等科に入学した明治44年(1911)4月以降、大正時代の蒐集とみられるが、「風水災害絵葉書帖」収録の絵葉書は進学以前の発行であり、兄宮裕仁親王(昭和天皇)・雍仁親王(秩父宮)の蒐集に伴って集められたと推定される。

『POST CARD ALBUM(風水災害)』

1　明治四十三年八月大洪水　日本橋浜町河岸の浸水　現在の中央区日本橋浜町2丁目付近の浸水状況。すでに舟がでている。

2　明治四十三年八月大洪水　日本橋浜町河岸の浸水　同じく中央区日本橋浜町2丁目付近の光景。

3　明治四十三年八月大洪水　日本橋浜町河岸より両国橋を望む　同じく中央区日本橋
浜町2丁目付近の隅田川岸からみた両国橋状況。

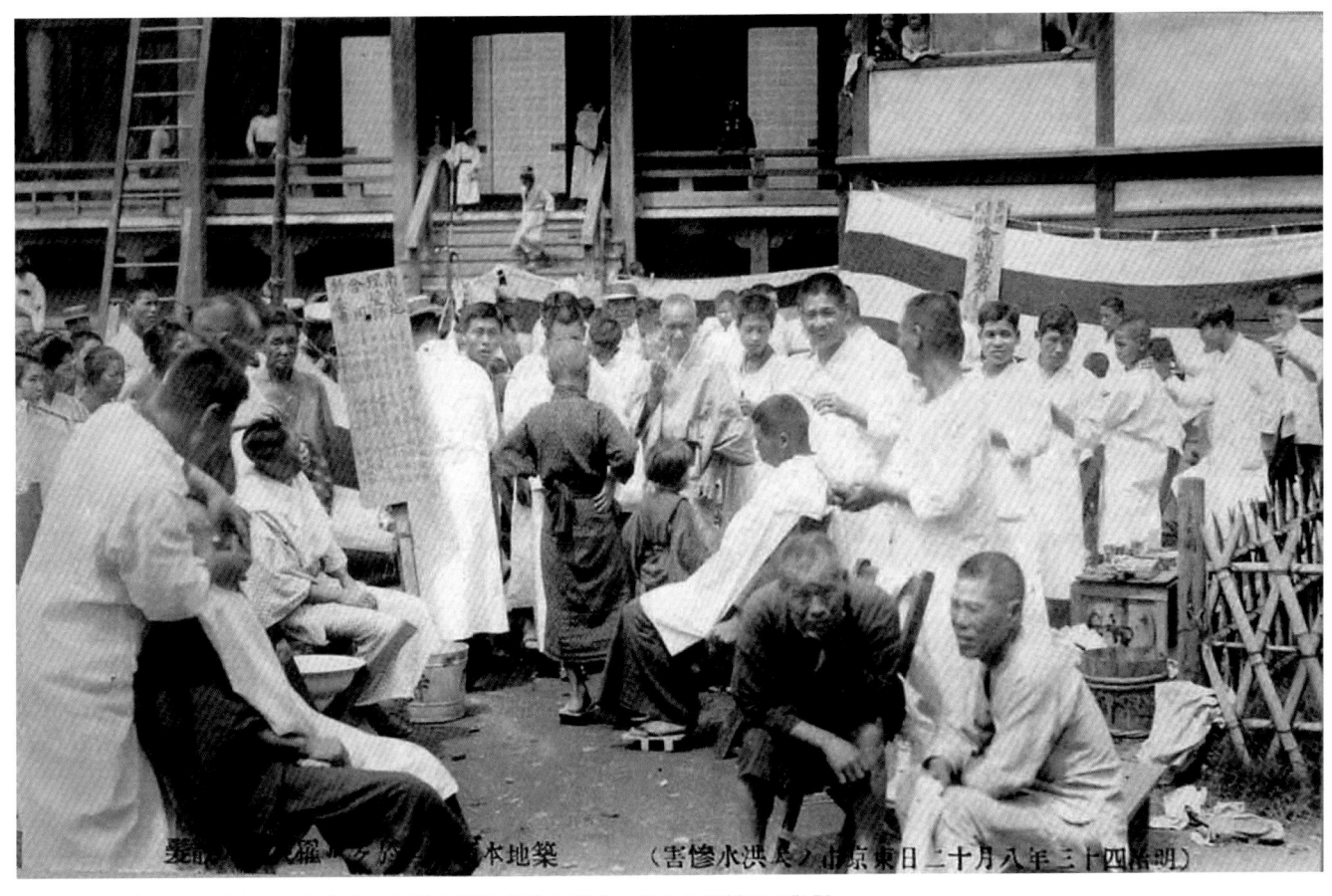

4　明治四十三年八月十二日東京市ノ大洪水惨害 築地本願寺ニ於ケル罹災民ノ散髪
中央区築地3丁目の築地本願寺境内に避難した人々への散髪。芝愛宕町長島万集堂製。

5　東京大洪水　日野西侍従水害地視察　罹災民慰問の為国技館臨場之光景　両国回向院
境内（現墨田区両国2丁目）の国技館は明治42年（1909）竣功。京橋岡田精弘堂発行。

6　六十年来未曾有大洪水の帝都　惨害を蒙りたる避難者国技館収容人員一万五千人　呼嗚
人生の最大悲惨事　今川橋青雲堂製。

7　明治四十三年八月大洪水惨況　両国停車場前軍隊ノ炊出シ　現墨田区横網町の総武線
両国駅前での陸軍兵士の炊出し光景。

8　明治四十三年八月十二日東京市ノ大洪水惨害　両国停車場前ニ於ケル軍隊ノ炊出ノ光
景　芝愛宕町長島万集堂製。

9　四十三年大洪水紀念八月十五日ノ実況　陸海軍ノ救助応援　深川区内　現在の江東区深川地区での軍隊兵士の救援活動。

10　六十年来未曾有大洪水の帝都　深川猿江方面屋上避難者に糧食救与 陸上浸水五尺余
現在の江東区猿江1～2丁目付近での食糧援助。今川橋青雲堂作製。

11　香取水兵飲料水救与 深川猿江町附近　図10と同じ地区での海軍水兵の給水活動。

12　東京市内大洪水 防水中ノ吾妻橋 濁流橋ヲ流サントス

13 東京大洪水 吾妻橋附近の浸水　墨田川に架かる吾妻橋附近。図14とほぼ同位置
での撮影。京橋岡田精弘堂製、報知新聞社発行。

14 大洪水惨況 吾妻橋附近之浸水

15　明治四十三年八月都下稀有ノ大洪水　隅田川ノ汎濫吾妻橋附近ノ光景　下谷西黒門町山光堂製。

16　明治四十三年八月都下稀有ノ大洪水　下谷金杉道路ノ浸水　下谷金杉は現台東区下谷・根岸付近。下谷西黒門町山光堂製。

17 六十年来未曾有大洪水の帝都 下谷区入谷町方面大惨害決死隊婦女子救助陸上浸水六尺余 入谷町は現台東区北上野・松が谷・入谷付近。今川橋青雲堂作製。

18 四十三年大洪水紀念八月十二日ノ実況 下谷車坂附近 下谷車坂は現台東区上野7丁目付近。

19　大洪水惨況 浅草吉野橋附近之浸水　浅草吉野橋は現台東区東浅草1丁目付近。

20　明治四十三年八月大出水実況 浅草田中町　浅草田中町は現台東区東浅草2丁目付近。

21 東京市内大洪水 浅草公園ノ大浸水実況 旧浅草寺境内である台東区浅草2丁目の浅草公園の浸水。

22 東京市内大洪水 浅草公園ノ大浸水実況

23 東京市内大洪水 浅草公園ノ大浸水実況

24 東京市大洪水 浅草本願寺境内之大浸水　現台東区西浅草1丁目の東京本願寺境内。

25 大洪水惨況 浅草公園之浸水　図23と同一方向を少し離れた位置から撮影している。

26 明治四十三年八月 東京大洪水本所南割下水附近ノ実況　南割下水は、墨田区亀沢から錦糸1〜4丁目を東流した運河。

27　明治四十三年八月大洪水　本所小学校避難所附近の惨状　避難所に利用された現墨田区本所2丁目の小学校付近。

28　東京市大洪水　明治四十三年八月十二日　本所停車場附近貨車内避難ノ惨状　本所停車場は、墨田区錦糸1丁目にある現在の総武線錦糸町駅。

29 大洪水惨況 本所業平橋附近之浸水　現墨田区業平1丁目・吾妻橋3丁目間の大横川に架かる業平橋付近。

30 明治四十三年八月大洪水惨況 本所石原町船の郵便配達　現墨田区石原町付近での船による郵便配達。

31　六十年来未曾有大洪水の帝都　本所押上町方面屋上生活絶食数日救助船糧食給与　陸上浸水八尺余　今川橋青雲堂作製。

32　東京大洪水　本所押上町の大浸水　京橋岡田精弘堂発行。

33 明治四十三年八月 東京大洪水本所三ツ目附近ノ実況 現墨田区緑4丁目付近。

34 明治四十三年八月十二日東京市ノ大洪水惨害 本所亀沢町方面ノ濁流 現墨田区亀沢
1・2丁目付近。芝愛宕町長島万集堂製。

35　明治四十三年八月　東京大洪水本所三ツ目小学校前工兵助救ノ実況　現墨田区緑2丁目の緑小学校前での鉄舟による工兵隊の救助活動。

36　明治四十三年八月　東京大洪水本所石原町郵便局附近ノ実況　現墨田区石原3丁目の郵便局付近。

37 大洪水惨況 本所亀沢町罹災民避難之実景　現墨田区亀沢付近での避難状況。

38 六十年来未曾有大洪水の帝都 本所亀沢町方面汎濫陸上浸水五尺余　今川橋青雲堂作製。

39 六十年来未曾有大洪水の帝都 日野西侍従及亀井警視総監一行慰問せらる 幾万の罹災者聖恩に涕泣す 日野西資博侍従と亀井英三郎警視総監らの慰問。今川橋青雲堂作製。

40 六十年来未曾有大洪水の帝都 本所緑町方面に於ける水兵隊濁流中の活躍 現墨田区緑方面での海軍水兵隊。今川橋青雲堂作製。

41　明治四十三年八月大出水実況　御勅使日野西侍従一行　和船で慰問に回る勅使一行。

42　東京大洪水　近衛兵炊出シ之光景　給食のため握り飯を調製する近衛兵。京橋岡田精弘堂製、報知新聞社発行。

43　明治四十三年八月　東京江戸川附近ノ大洪水　石切橋ノ実況　現文京区と新宿区間を流れる江戸川（神田川）に架かる石切橋上の出水。

44　明治四十三年八月　東京江戸川附近ノ大洪水　大曲ヨリ見タル実況　文京区水道1丁目先の大曲から見た神田川の氾濫。

45 明治四十三年八月 東京江戸川ノ大洪水電車終点附近ノ実況　旧市電大曲停留所付近での神田川氾濫。

46 東京大洪水 大川端厩橋附近之浸水　台東区駒形2丁目先の墨田川に架かる厩橋付近の浸水。

47 六十年来未曾有大洪水の帝都
本所菊川町方面我家の惨状を外にし
て可憐児は浸水に戯る是れ無心無想
墨田区菊川1〜3丁目付近。神田今
川橋青雲堂製。

48 東京市の大洪水 明治四十三年八月
十二日 向島堤防決潰 工兵作業之光景
墨田区向島先の隅田川堤防の決壊。

49　東京大洪水　向島小梅附近の惨状　墨田区向島2丁目の浸水。京橋岡田精弘堂発行。

50　大洪水惨況　向島小梅附近之惨状　図49の絵葉書とは発行所は異なるが、同一場所の被害状況を撮影している。

51　明治四十三年八月東京大出水之実況　向島須崎町　墨田区向島4・5丁目付近の洪水。

52　六十年来未曾有大洪水の帝都　向島引舟方面に於ける増上寺高僧濁水中窮民にパンを
与ふ同情の美挙陸上浸水七尺余　墨田区京島1丁目付近の光景。神田今川橋青雲堂製。

53　明治四十三年八月都下稀有ノ大洪水　向島堤ヨリ見ル小梅土手下ノ浸水　土手から仮橋で出入する墨田区向島2丁目付近の民家。下谷西黒門町山光堂製。

54　東京大洪水　向島須崎町之浸水　避難ノ実況　墨田区向島4・5丁目付近での屋根上への避難。京橋岡田精弘堂発行。

55　東京大洪水　墨堤修築工兵隊応急工事に着手之光景　決壊した隅田川堤への陸軍工兵
隊の応急修理。京橋岡田精弘堂発行。

56　明治四十三年八月十二日東京市ノ大洪水惨害　向島牛島神社附近ニ於ケル工兵ノ活動
墨田区向島1丁目牛島神社付近での陸軍工兵隊の救助。芝愛宕町長島万集堂製。

57 東京大洪水 千住停車場附近近衛聯隊鉄舟テ避難者ヘ食糧運搬ノ光景　足立区千住の常磐線北千住駅付近。京橋岡田精弘堂発行。

58 東京大洪水 千住新開橋流失之実景　荒川に架かり、足立区千住と足立を結ぶ千住新橋の流失。京橋岡田精弘堂発行。

59　東京大洪水　千住新開橋流失後趾ノ惨状

60　明治四十三年八月大洪水　千住大橋ノ警戒　橋桁すれすれまで水位が上がった隅田川上の千住大橋の状況。

61　明治四十三年八月都下稀有ノ大洪水　南千住浸水ノ惨状　荒川区南千住付近の状況。下谷西黒門町山光堂製。

62　東京大洪水　日暮里停車場出水中ノ気車　出水で荒川区東・西日暮里の東北線日暮里駅に停車した列車。

63　四十三年大洪水紀念　八月十三日午前六時雨中ノ実況（三河島附近）　三河島（現荒川区西日暮里1丁目）付近の水没。

64　明治四十三年八月都下稀有ノ大洪水　三河島ノ浸水住民汽車中ニ避難ノ惨状　荒川区西日暮里1丁目の常磐線三河島駅停車列車への避難。下谷西黒門町山光堂製。

65　明治四十三年八月都下稀有ノ大洪水　三河島停車場ヨリ見ル千住方面ノ浸水　常磐線
三河島駅からみた南千住方面。下谷西黒門町山光堂製。

66　避難者救与　亀井戸天神橋炊出ノ光景　江東区亀戸３丁目の天神橋での被災者への炊出し。

67 東京市内大洪水 亀井戸天神出水東門破潰 水深八尺　江東区亀戸3丁目の亀戸天神東門の破損。

68 東京市内大洪水 亀井戸天神太鼓橋 水深八尺

183

69 東京市内大洪水 亀井戸天神川於ル鉄道員及舟夫 江東区亀戸2丁目付近での救援。

70 明治四十三年八月東京大出水之実況 亀井戸附近ノ惨状 江東区亀戸付近での応急筏での交通。

71　東京市内大洪水　亀井戸天神浸水実況　水深八尺

72　東京市内大洪水　亀井戸天神門前ノ惨状

73 東京大洪水 亀井戸附近 牛の避難　京橋岡田精弘堂印行、報知新聞社発行。

74 東京大洪水 小松島流失家屋破壊之惨状　江戸川区松島での流失家屋。

75　明治四十三年八月都下稀有ノ大洪水　大森附近電車線路浸水ノ惨状　大田区大森北付近の京浜線路床の浸水。下谷西黒門町山光堂製。

76　大洪水惨況　大森山谷附近之浸水　大田区大森付近の浸水。

77　明治四十三年八月都下稀有ノ大洪水　大森附近民家崩壊ノ惨状　大田区大森付近。
下谷西黒門町山光堂製。

78　明治四十三年八月都下稀有ノ大洪水　大森附近民家流出ノ惨状　下谷西黒門町山光堂製。

79　明治四十三年八月都下稀有ノ大洪水　大森八幡橋流出惨状　大田区大森八幡橋の流失。
下谷西黒門町山光堂製。

80　明治四十三年八月都下稀有ノ大洪水　蒲田附近ノ浸水住民避難ノ光景　大田区蒲田付
近の浸水。下谷西黒門町山光堂製。

81　明治四十三年八月都下稀有ノ大洪水　六郷川汎濫民家流出ノ惨状　大田区南六郷
付近での多摩川氾濫による民家流出。下谷西黒門町山光堂製。

**神奈川県地方の被害**　神奈川県下も降水量は著しく、相模川・酒匂川の本流・支流をはじめ県内の諸河川はすべて増水し、相模川では増水8尺(約2.4m)に達した。このため、各所で堤防の決壊や橋梁の流失がおこり、東海道の国道1号線や鉄道東海道線も各所で寸断され、平野部の住宅や田畑の冠水、山間部での崖崩れ等の被害が続出した。

82　明治四十三年八月大水害　保土ヶ谷隧道附近線路埋没　神奈川県横浜市保土ヶ谷区峰
岡町の東海道線保土谷トンネル付近の線路埋没。

83 明治四十三年八月大水害 藤沢大船間旅客徒走連絡　東海道線大船—藤沢間の線路流失による徒歩連絡。

(Dreadful Flood August, 1910.) Fujisawa.

84 明治四十三年八月大水害 藤沢町境川河岸の惨状　藤沢市藤沢の境川氾濫による家屋損壊。

(Dreadful Flood August, 1910.) Fujisawamachi.

85 明治四十三年八月大洪水惨況（東海道小田原）酒匂橋ノ流失惨状　小田原市内を流れる酒匂川に架かる東海道酒匂橋の崩壊。

86 明治四十三年八月大洪水惨況（箱根湯本）早川電柱倒レ線路ノ破壊　神奈川県足柄下郡箱根町を流れる早川出水による湯本の被害。

87 明治四十三年八月大洪水惨況（箱根塔ノ沢）大倉別荘破壊　箱根町塔ノ沢の男爵大倉喜八郎別荘の破損の様子。

88　明治四十三年八月大洪水惨況(箱根塔ノ沢)福住楼入口破壊ノ惨状　早川出水による箱根町塔ノ沢の旅館福住楼の崩壊。

89　明治四十三年八月大洪水惨況(箱根塔ノ沢)福住楼破壊ノ惨状

90　明治四十三年八月大洪水惨況(箱根塔ノ沢)福住楼流失ノ惨状

91　明治四十三年八月大洪水惨況(箱根木賀)崖崩レ
箱根町木賀での崖崩れで地盤が崩壊した家屋。

92　明治四十三年八月大洪水惨況(箱根宮城野)亀屋旅館ノ流失
早川出水による崖崩れで崩壊流出した亀屋旅館。

93　明治四十三年八月大洪水惨況(箱根宮城野)早川家屋ノ
破壊惨状　箱根町早川出水による宮城野での家屋の被害状況。

# 15　明治44年北海道室蘭日本製鋼所写真帖

　日本製鋼所は、戦前の代表的な鋳鍛鋼製造・機械・兵器生産メーカーの一つであり、室蘭製鋼所は現北海道室蘭市茶津町に所在。現在はJSW日本製鋼所として存続している。
　日清・日露戦争を輸入による軍艦・大砲に頼って戦った海軍は、国内における兵器生産を急務とした。明治40年(1907)、海軍のバックアップを受けて、北海道炭礦汽船株式会社と英国アームストロング・ウイットウォース社及びビッカース会社の共同出資によって日本製鋼所が設立され、その中心工場が室蘭に建設された。
　共同出資社の一つ、北海道炭礦汽船株式会社は明治22年、北海道炭礦鉄道会社として設立され、道内の炭鉱開発、鉄道新設を手がけていたが、同39年10月、「鉄道国有法」により鉄道事業部門が失われたため、社名を変更し、鉄道国有化の補償金をもって製鉄事業を興したのである。
　室蘭製鋼所は、創立当初から4,000ｔ水圧鍛錬機や50ｔ酸性平炉を備え、当時世界でも有数の設備を誇った。英国両社から技術者の派遣、海軍からの技術指導を受け、主に海軍関係の兵器工場として、大砲の新製・修理などを受注した。明治44年からは砲身焼入、焼嵌め作業を開始し、各種の大砲生産が増大した。なかでも金剛型軍艦に装備された14インチ(36cm)砲は、超弩級艦(1906年建造英国ドレッドノート型戦艦を上回る艦)の主砲13.5インチ(34cm)砲を上回る14インチという、画期的な製品であった。日本製鋼所創業時から大正9年(1920)までの大砲生産数は916門を数えたという。また大正7年には陸軍東京工廠から航空機用エンジンの受注も受け、完成させた。
　明治44年、当時の皇太子嘉仁親王(のちの大正天皇)は、北海道を行啓した。皇太子一行は8月18日に上野を出発、19日に青森に到着、軍艦香取に乗船し、20日に函館より上陸した。その後、函館・小樽・札幌・旭川・帯広・釧路を回り、9月5日夕刻室蘭に到着し、この行啓のために日本製鋼所内に新築された「瑞泉閣」に宿泊し、翌日工場を見学した。14インチ砲の作業に、「ことのほか御関心」の様子であったという。また、この間、天沢泉、職工共済会病院には侍従を差遣した。
　日本製鋼所では行啓を記念し、写真帖を作成し、献上したものと思われる。写真帖中では「瑞泉閣」が「御旅館」と表記されており、この宿泊に際して、皇太子により旅館が「瑞泉閣」と命名された経緯からすると、行啓前に作成され事前に東宮職に届けられたか、その場で渡されたものであろう。個々の写真の下の注記が毛筆による直筆であることから、作成部数は多くはないと推定される。
　行啓ののち、皇孫御殿に配架。関東大震災後の大正12年12月5日、高松宮宣仁親王より学習院の歴史地理標本室に下賜された写真帖37冊のうちの1冊。雲文綾織表紙、金皮背付、金縁台紙25葉、50枚の写真貼付、歴史地理標本室ラベルNo.1088。表題は旧歴史地理標本室『標本原簿』による。

『北海道室蘭日本製鋼所写真帖』

1　明治四十年工場敷地踏査　明治40年(1907)初頭より、室蘭町母恋(ほこい)近辺において工場敷地の調査・測量が開始された。

2　明治四十一年一月敷地開鑿中ノ光景　陸海軍省地、官有地463,000坪余の払い下げを受け、工場敷地の造成及び海面の埋め立て工事が始まった。

3 　岩石爆破作業　当初手掘、削岩機にて掘削作業を行っていたが、「新たに大爆発採掘方法を案出し」た結果、「一時に数万坪の岩石を破砕せしめ、旅順攻撃以上の壮観を呈した」という。

4　明治四十四年工場全景　明治44年(1911)営業開始。主要工場建坪総計約16,000坪。大型火砲その他兵器製造を可能とする50ｔ平炉、4,000ｔ水圧鍛錬機などを配備する類例のない大型工場となった。

5　明治十四年行幸記念天沢泉　明治14年(1881)明治天皇北海道巡幸の際に、この湧水を供した。その後天沢泉(てんたくせん)と命名された。

6　御旅館（其一）　皇太子の行啓に際し新築され、宿泊後「瑞泉閣」と命名された。洋風建63坪、和風建91坪からなる。現在も日本製鋼所の迎賓館として使用されている。

7　御旅館（其二）

8 製図室　60余名の技術者が設計や製図を行っている。

9 発電所汽缶　英国製高圧水管式ボイラー20基にて、10,000馬力を出力。

10 発電機及び汽機　英国製蒸気エンジンとそれに直結する直流発電機。

11　配電盤　工場内に電気を配電するための配電盤。

12　瓦斯発生炉　鋳造工場と鍛錬工場の間にあり、製鋼及び鋼材の加熱、焼鈍に使用。

13　模型作業　総煉瓦造、220坪。木型製作のための工場。

14 模型用機械之一部　木型製作用の設備。

15 弐拾五噸炉作業

16 熔材投入機

17 鋼　塊　製錬後、鋳型に流し込んで作られた鋼塊（＝インゴット）。

18 熔鉄炉　鋳造用として溶鉄炉が4基ある。

19 材料集散ヤードクレーン　鋳造工場の外側にある。製鋼諸材料および製品の集散用。

**製鉄・製鋼の作業工程** 鉄鉱石を溶解炉で加熱し、銑鉄を作る作業と銑鉄を溶鉄炉でさらに精錬する作業、ここまでを鋳造工場で行う。次の鍛錬工場内において、製錬された銑鉄をさらに熱し、叩き、鍛え鍛錬する。鍛錬されたものをまたさらに加熱し、鎚や水圧機で打ち伸ばし鋼に形造る作業が鍛造である。

20 水圧喞筒及汽機　喞筒(しょくとう)とはポンプのこと。

21 四千噸水圧喞筒　鍛錬工場内にある4000t水圧ポンプ。

22 四千噸水圧鍛錬機作業

23 千噸水圧鍛錬機 大砲用、軸類用、その他各種用途の大鋼塊に鍛錬する作業用。

24 鍛錬用炉 鍛錬用粗材の加熱炉

25 鋼材 材料としてそのまま利用できるように加工された鋼材(左)とインゴット。

26　拾弐噸汽槌　蒸気圧又は空気圧を使用する鍛造用プレス。

26　煙焠用起重機　熱した鉄を水の中に入れる時に使用する天井走行クレーン。

28　分析室　原材料及び鋼材等の化学分析用設備。

29　分析天秤室　化学分析用精密天秤。

30　百噸材質試験機　30・31ともに原材料及び鋼材等の強度をはかるため、テストピースの伸縮や、屈曲実験を行う機械である。英国アームストロング社製。

31　五拾噸材質試験機

32 機械工場之一部　砲身・推進軸等の外径・内径の加工用旋盤。中刳り盤ともいう。

33 小機械之一部　左側は小物部品の加工機械、右側は仕上げ用作業台。

34 鋼材裁断機　鋼材裁断用丸鋸機械。

35 砲身素削作業　砲身の内径・外径の荒削り作業。

36 砲身鏇削作業　砲身の内径・外径の精密旋削作業。

37 砲身作業　横ボール盤による砲身横孔加工作業。

38　舶用推進軸鏇削作業　船舶用プロペラ、シャフト（中間推進軸）の旋削作業。

39　舶用クランクシャフト焼嵌作業　クランクシャフトに他の部品を結合させるために、熱膨張を利用して収縮の際に結合させる。

40 平削機械　砲身や部品の平坦部の加工を行う機械(プレーナー)。

41 尾栓作業　砲身に弾丸を挿入し、尾栓で蓋をするための蓋の「すり合わせ」作業。

42 鑢工作業　鑢(やすり)による部品の細かい部分の加工作業。

43 百噸埠頭起重機　原材料や製品を港で貨物船に積みおろしするためのクレーン。固定式。

44 拾噸移動起重機　図45とともに、材料や製品の積みおろしのための、線路の上を自走するクレーン。

45 移動起重機

46 水道配水池　製鉄工場では機械や設備を冷却するために、大量の水を必要とする。そのために巨大な配水池がある。

47 病院全景　総坪数3,400坪、内科・外科・眼科・婦人科・小児科・耳鼻咽喉科に分かれ、最新の医療設備を誇っていた。

48 治療室　病院内は夜間は白熱電燈が点じ、冬期にはスチームヒーターが通っていた。

49 手術室　清潔な手術室。

50 雪中遊戯　工員は昼夜2交替制で、12時間勤務であったが、その合間の雪合戦。

# 16　明治44年東北帝国大学農科大学博物館写真帖

　東北帝国大学は明治40年（1907）に日本で3番目の帝国大学として創設された。その母体は、明治9年にウィリアム・クラークを教頭として招聘し、設立した札幌農学校である。明治19年公布の「帝国大学令」では、単科大学が帝国大学となることはできなかったため、仙台に新設する理科大学と札幌の農科大学とを併せて、東北帝国大学としたのである。北海道に帝国大学を設置することは明治30年代よりの北海道民の切望であったが、このような変則的な形で、実業専門学校であった札幌農学校が、帝国大学に昇格した。設置場所は札幌のままであった。東北帝国大学は明治44年に理科大学を開校し、大正4年（1915）に医科大学を設置。その後、大正7年に農科大学は北海道帝国大学農科大学として分離独立した。北海道大学となるのは昭和22年（1947）である。

　東北帝国大学農科大学博物館は、植物園内にあり、明治16年開拓使博物場として作られたもので、開拓使御雇技師ベンジャミン・スミス・ライマン蒐集の鉱物標本、ブラキストン採集の鳥類標本はじめ、開拓使蒐集の動物剥製などの標本資料を収蔵し、明治17年植物園とともに農学校に移管され、同19年北海道における唯一の博物館として開館した。

　現在も北海道大学北方生物圏フィールド科学センター耕地圏ステーション植物園内にあり、絶滅したエゾオオカミ、南極で活躍したタロの剥製などの動物標本と、アイヌ民族を中心とした開拓期以来の北方民族の資料を展示している。建物は重要文化財に指定されている。

　明治44年、当時の皇太子嘉仁親王（のちの大正天皇）は、北海道を行啓、8月26日東北帝国大学農科大学内巡覧。同大学では、この行啓のために各種写真帖を製作。現在、北海道大学附属図書館北方資料室には、第1冊「東北帝国大学農科大学学庭全景」から第64冊「天塩演習林」が所蔵されている。このうちの第56冊が「博物館」である。

　この写真帖も、前節の『明治44年北海道室蘭日本製鋼所写真帖』と同じく大正12年12月5日に高松宮宣仁親王より歴史地理標本室に寄贈された写真帖37冊のうちの1冊である。同時に作成された東北帝国大学農科大学写真帖の他の冊子は寄贈されていない。白絹装表紙に「東北帝国大学農科大学 博物館写真帖 明治四十四年」の金文字入り、裏表紙に真鍮鋲打ち、唐草文真鍮留金付、金縁台紙13葉、写真25枚貼付。表紙に歴史地理標本室ラベルNo.1084貼付。動物剥製標本を種ごとに野外に展示し、撮影している点がユニークである。なお、写真の個別解説は、写真帖に記された解説文をそのまま引用したが、漢字は適宜改め、片仮名は平仮名に直した。

『東北帝国大学農科大学博物館写真帖』

1　博物館全景　「本館は明治四年開拓使の創立に係り、十四年東京芝山内開拓使博物場の一部を併せ、十九年札幌農学校博物場と合併し札幌農学校付属博物館と称せり。四十年東北帝国大学農科大学開始と共に其付属となり、同農科大学付属博物館と改称す。明治十四年　天皇陛下　北海道御巡幸に際し、八月十五日畏くも本館に親臨あらせらる。本館は北海道特産の天然物と土人の器具とを蒐集陳列し、農科大学職員学生の研究に供し、又衆庶の縦覧を許して普通教育に資すると共に、斯地に来遊する者をして、特趣ある本道の天然物及土人生活の一斑を窺知らしむるに務む。」

2　ひぐま　熊　「左、金毛熊、右、黒熊。「ひぐま」は本州産とは別種にして津軽海峡以北、北海道、樺太、西比利亜(シベリア)を経て欧州に亘り棲み、猛獣中最大なるものなり。毛長く且軟にして金光沢あるものは金毛熊の称あり。此標本は明治十一年十二月札幌附近の村落にて父子を掠食せしもの、館中に保存せるは其胃中より出でたる遺骸なり。黒熊標本は銃手三名に重傷を負はしめ一名を斃(たお)せるものなり。」

3　きつね　狐　「左、「あかきつね」、右、「じうじきつね」。「あかきつね」は本邦産と等し。「じうじきつね」は狐色の地色に背上漆黒の十字斑あり故に名く。紅狐、白狐、黒狐、藍狐等と共に北海道より西比利亜に亘り棲む。毛皮貴し。」

4　たぬき　狸　「左、雌、右、雄。北海道にては普通「むじな」と称す。津軽海峡以南の産と其種類同じ。蓋(けだし)西比利亜地方より本道を経、海峡を超えて本州に渡れるなり。逐年其毛皮貴重せらる。」

5　てん 黄鼬 及びいたち 鼬鼠　「上段左、「ゑぞてん」、右「こゑぞいたち」、下段「おほゑぞいたち」。「ゑぞてん」は海峡以南に棲まず、本州産に比し毛皮貴く西比利亜産に亜ぐ。「こゑぞいたち」及「おほゑぞいたち」の夏毛は栗色にして冬毛は純白なり。但「おほゑぞいたち」の尾端は常に漆黒なり、共に毛皮として貴し、「エルミン」と称するもの是なり。」

6　べにしか 紅鹿　「左、冬毛、右、夏毛。角冠三枝に岐るゝは此鹿の最著しき特長の一なり。海峡以南に産せず西比利亜を経て欧州に連る。欧州にては愛玩動物として貴重せらる。本道には此外本州産の「しか」あり開拓使時代には非常に繁殖せしが今や至て稀なり。」

7　おっとせい 膃肭獣　「北太平洋特産の海獣にして我邦にては千島、樺太に棲息所ありこゝに群棲す、又相率ひて遠洋に出で遊ぶ。雄は長さ六七尺に達するもの稀ならず、雌は其半に及ばず。近年臘虎(ラッコ)の数減少するに従て貴重なる毛皮獣と為れり、されば我邦を始め北太平洋に接する諸国は其保護に務む。」

8　とど　海馬　「「とど」は又「あしか」と称ふ水棲猛獣中最大なるものにして身長一丈を超ゆるものあり、海中の孤島に群棲す、北見国礼文、樺太の海馬島等は著名なる産地なり、毛皮は粗にして用ゆるに足らずされど強靭にして鞭綱としては有利なり。」

9　やまうさぎ　山兎　「夏毛は褐色なれども積雪地を蔽ふに至れば純白に変ず、但耳尖は常に黒し。左方の標本は夏毛。右方は冬毛にして中央三頭は秋若くは春に於ける過渡時期の毛色なり。此兎は農林産に大害を与ふ。好個の狩猟獣なり。」

10　おほかみ　狼　「海峡以南に産する「やまいぬ」とは全く別種にして西比利亜より欧州まで分布し身躯大にして性獰猛なり、開拓使開庁の際には人畜を害し為に賞を懸けて其頭を募れり、今や殆其跡を絶てり。」

11　あざらし　海豹　「北海に最も普通の海獣にしてよく河口に来遊び鮭鱒等を貪食し水産業に多大の害を与ふ。「あざらし」は其種類二、三にして足らざるも皆毛皮粗悪にして用うるに足るものなし、唯鞄其他の袋物を製する原料として用いらるゝのみ。」

12　わし　鷲　「上、「おほわし」。中、「をじろわし」。下、「いぬわし」。「おほわし」は本邦産猛禽の最大なるもの、「をじろわし」は鷲中最普通なり。此両称は互によく似たれども「おほわし」には尾翬十四羽あり、「をじろわし」には十二羽あり。」

13　たか　鷹　「上、「くまたか」。下左、「おほたか」。下中、「しろはやぶさ」。下右「はやぶさ」。「くまたか」は鷹の最大なるもの、小獣を捕食す。されば冬季兎狩に用ゆる地方あり。「おほたか」は性敏捷、捕鳥に巧なるを以て鷹狩に使用せらる。北海道は其主産地にして、往時は松前藩より幕府に納るの例あり。「はやぶさ」も性敏捷にして鷹狩に用いられたり。」

14 づく 鴟鵂 ふくろ 鴞　「上段左より「わしみみづく」、「とらふづく」、「このはづく」雌、「こみみづく」。下段左より「あをはづく」、「ふくろ」、「このはづく」雄、「おほこのはづく」。是等は小獣小禽を食とす。されば産業上益鳥として保護せらる。」

15　水　禽　「左より「うとう」善知鳥、「はしじろあび」、「ちしまうがらす」、「おほはくてう」、「うみがらす」。「うとう」は謡曲善知鳥の古伝説を産めるを以て聞ゆ。以下四種は北海に著名なる水禽なり。」

16　渉　禽　「後列左より「せぐろごゐさぎ」、「だいさぎ」、「のがん」、前列左より「よしごゐ」、「おほよしごゐ」「さんかのごゐ」、「あをさぎ」。以上の内「だいさぎ」は全身純白にして清楚なり近年装飾用として海外に輸出せらる。「のがん」は一見七面鳥に似たり、故に「やましちめんてう」の俗称あり。」

17　蝦夷十二鳥　「第一段左「しまふくろ」、右「おほもず」、第二段左より「しろふくろ」、「きんめふくろ」、「ゑぞやまどり」雄、「けあしのすり」、「みやまかけす」、「しまあおじ」、第三段左より「ゑぞやまどり」雌、「こあかげら」、「くまげら」、第四段左、「やまげら」、右、「しまゑなが」。是等は津軽海峡以南に棲まず、されば北海道の特産として知らる。」

18　てうざめ 鱘　「本邦にては唯北海道にのみ産す。海中より産卵のため溯河し、石狩川、手塩川等の巨川にて捕獲せらる、されば河鮫の名あり。長さ六七尺を超ゆるもの稀ならず、古は其革を以て刀剣の欛(つか)を飾れり。卵は製して「カヴィア」を造る。

19　古 器 物　「(一) 兜及剣、明治二十年札幌区北一条西八丁目にて発掘せらる。蓋嘗て渡来せし邦人の用いたるものなり。(二)－(六) 土器、竪穴住民の遺物なり。(七) は骨斧及槍 (八) は骨斧 (九) 銛 (十)(十一) 及(十六) 石斧及雷斧、(十二) 石鏃 (十三) 石錐、(十四) 護牌石、(十五) 石冠。」

20 アイヌ 家具及び宝物 「上段左より行器(ほかい)、大皿及酒杯、鉢、杓子。中段左、箙(えびら)、右、飾刀。下段左より飯椀、水槽、皿形片口、鉢形片口。行器、酒杯、鉢及飾刀は邦人より伝はれるもの、大皿及水槽は木皮にて製す。其余は刳物なり。」

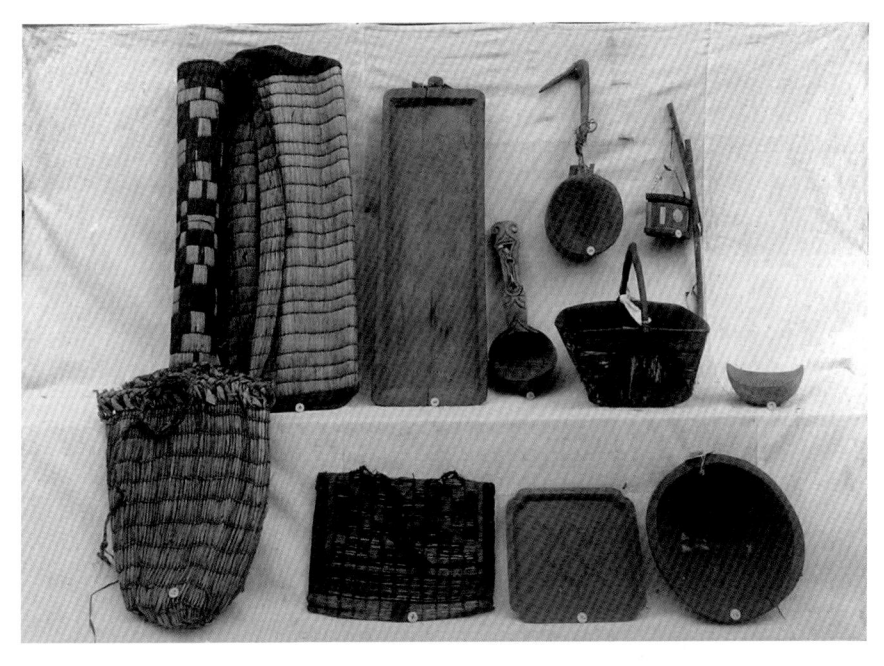

21 アイヌ 家具 「(一)莨入(たばこいれ)(二)丸俎(まないた)(三)柄杓(四)俎(五)叺(かます)(六)木椀(七)(無号)鍋(八)木鉢(九)木盆(十)鞄(もっこ)(十一)畚。叺、畚及鞄は文蓆を以て造る、狩猟其他旅行に携帯す。柄杓は柄に精巧なる彫刻あり、酒を汲むに用ゆ、鍋は樺皮にて造り汁物を煮る、又手桶に代用す、莨入には貝殻片を象嵌(ぞうがん)しあり。」

22 アイヌ 工芸品 「上段左二つ糸巻、右小刀。中段左より草籠、蓆織具、「アツシ」反物。下段織機。此小刀の鞘は目出平と称する名工の彫刻に係る、草籠は「テンキ」と称する草にて製し、「アツシ」は「をへう」樹の繊維にて織る。織機の日本機と異る要点は台を設けず、唯素を整ふるに止まり、織るには別に箆(へら)を具ふるにあり。」

223

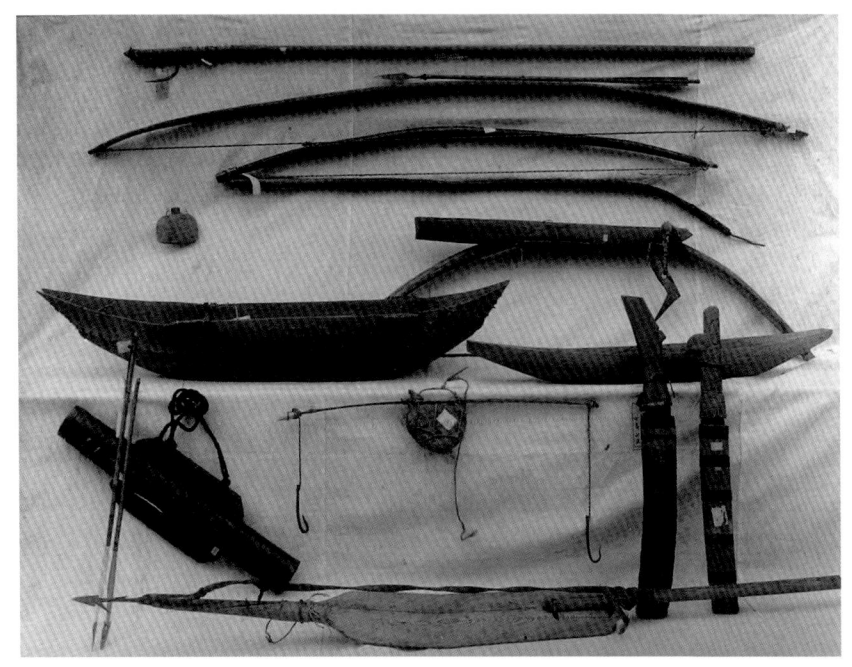

23　アイヌ　漁猟具　「上より捕鮭銛、大弓、手弓、捕鷲鉤、仕掛弓、漁舟二（模型）。次段左より箙及矢、釣具、山刀。最下段海豹突銛。手弓大弓は追狩に用い、仕掛弓は熊の通路に装置し熊之に触るれば自動的に毒矢を発す。右方の漁舟は独木舟にして、左方にあるは縫舟なり。」

24　アイヌ熊送り（其一）室内ニ於ケル儀式　「室内爐辺に樹てたる「イナホ」は「アベカムイ」（火神）に供するもの、爐と東窓との間に二列に列座し、膳を其間に配す、左列の背後に女子の列あり、一婦立ちて酌を執る、酒杯を挙げて献酬恭し、女子列の後に宝物を陳列せり。」

25　アイヌ熊送り（其二）室外ニ於ケル本儀式　「儀式は東窓の外「イナホ」柵の前に行はる、男子は跪座す、女子は立ち、歌謡して踊舞す、一夫熊を繋げる縄を持し一夫は射る。」

## 参考文献一覧

東京市編『東京市史稿』変災編第3　東京市　1916年
井上清純編『明治天皇行幸年表』　画報社　1933年
広瀬彦太『郡司大尉』　鱒書房　1939年
弘前市編『弘前市史』明治・大正・昭和編　弘前市　1964年
福島県編『福島県史』第25巻自然・建設　福島県　1965年
北海道大学編『北海道大学創基八十年史』　北海道大学　1965年
色川大吉「地方巡幸」『日本の歴史』21近代国家の出発　中央公論社　1966年
株式会社日本製鋼所編『日本製鋼所社史資料』　株式会社日本製鋼所　1968年
宮内庁編『明治天皇紀』　吉川弘文館　1968－77年
横浜地方気象台監修『神奈川県災害誌』　神奈川県　1971年
新田次郎『八甲田山死の彷徨』　新潮社　1971年
別所二郎蔵『占守島に生きた一庶民の記録　わが北千島記』　講談社　1977年
(財)大阪都市協会編『北区史』　大阪北区　1980年
学習院百年史編纂委員会編『学習院百年史』　学習院　1980－87年
北海道大学編『北大百年史』　北海道大学　1982年
室蘭市史編さん委員会編『新室蘭市史』第3・4巻　室蘭市　1985・87年
北海道大学附属図書館編『明治大正期の北海道』　北海道大学図書刊行会　1993年
(社)霞会館資料展示委員会編『鹿鳴館秘蔵写真帖　江戸城・寛永寺・増上寺・燈台・西国巡幸』　平凡社　1997年
我部政男・廣瀬順皓・岩壁義光・小坂肇編『太政官期地方巡幸史料集成』　柏書房　1997－98年
学習院大学史料館編『旧制学習院歴史地理標本室移管資料目録』　学習院大学史料館　1998年
東京国立博物館編『東京国立博物館所蔵幕末明治期写真資料目録』　国書刊行会　1999年
武部敏夫・中村一紀編『明治の日本―宮内庁書陵部所蔵写真―』　吉川弘文館　2000年
原武史『大正天皇』　朝日新聞社　2000年
石黒敬章『明治・大正・昭和東京写真大集成』　新潮社　2001年
『学習院125年』　学習院　2002年
郡司保子『郡司家四百年物語』　新人物往来社　2004年
青森市編『新青森市史』資料編6　青森市　2004年
岡田茂弘「図書館蔵の明治天皇巡幸等写真について」『学習院大学史料館紀要』第13号　学習院大学史料館　2005年
学習院大学史料館編『幕末明治の古写真―激動の時代を生きた人々―』　平成16年度昭和会館研究助成金報告書　学習院大学史料館　2005年

## 『写真集 明治の記憶』掲載写真一覧

凡例　1　「史料番号」欄は、学習院大学図書館および史料館の史料番号を示した。
　　　2　「原表題」欄は、原則として写真台紙の記載によったが、適宜省略した場合がある。
　　　3　「原表題」欄の●印は着色写真であること、口絵は巻頭にカラーで紹介したことを示す。
　　　4　「原表題」欄の［　］内のタイトルは、無題の写真に新たに付したもの、あるいは原表題の誤りを正したものである。
　　　5　「法量欄」は縦×横の寸法を示す。

| | 史料番号 | 原　表　題 | 年　代 | 法量（cm） |
|---|---|---|---|---|
| 1 | | 明治5年明治天皇大阪・中国・四国巡幸写真 | | |
| 1 | 131 | 志州鳥羽 | 明治5年 | 16.1×20.3 |
| 2 | 74 | 西京御所 三 | 同 | 21.0×26.9 |
| 3 | 83 | 知恩院山門●（口絵5） | 同 | 21.0×26.8 |
| 4 | 98 | 西京加茂● | 同 | 20.9×26.7 |
| 5 | 111 | 大坂城 | 同 | 15.8×20.7 |
| 6 | 115 | 大坂天神橋● | 同 | 20.9×26.6 |
| 7 | 266 | 長州下之関 | 同 | 16.7×20.9 |
| 8 | 269 | 亀山八幡 | 同 | 20.9×26.6 |
| 9 | 270 | 亀山八幡ヨリ九州他ヲ望ム | 同 | 20.9×26.7 |
| 10 | 276 | 長崎高嶋 | 同 | 15.3×19.8 |
| 11 | 277 | 肥前長崎 | 同 | 16.8×20.7 |
| 12 | 279 | 長崎市中　一 | 同 | 21.0×26.9 |
| 13 | 280 | 長崎市中　二 | 同 | 21.0×26.9 |
| 14 | 283 | 熊本城 | 同 | 21.0×26.6 |
| 15 | 284 | 鹿児島市中　一 | 同 | 21.0×26.7 |
| 16 | 285 | 鹿児島市中　二 | 同 | 20.9×26.7 |
| 17 | 121 | 摂州湊川神社 | 同 | 16.4×20.5 |
| 2 | | 明治9年明治天皇東奥巡幸写真 | | |
| 1 | 206 | 日光大谷川 | 明治9年 | 20.3×26.0 |
| 2 | 201 | 日光陽明門 | 同 | 21.0×26.9 |
| 3 | 212 | 日光山中含満路ノ水車（大谷川） | 同 | 20.5×26.5 |
| 4 | 207 | 日光華厳ノ滝 | 同 | 26.5×20.3 |
| 5 | 213 | 日光中禅寺湖 | 同 | 20.3×26.2 |
| 6 | 210 | 日光霧降滝 | 同 | 26.0×20.3 |
| 7 | 229 | 白河旧城跡馬天覧ノ図 | 同 | 20.7×26.5 |
| 8 | 230 | 白川楽翁公遊園地　大沼 | 同 | 20.8×26.6 |
| 9 | 220 | 阿武隈川橋上ヨリ黒塚ヲ望ム図 | 同 | 20.7×26.6 |
| 10 | 233 | 安達ヶ原一ツ家 | 同 | 20.7×26.6 |
| 11 | 219 | 信夫山ヨリ信夫川 | 同 | 20.8×26.6 |
| 12 | 234 | 槻木村宮内内膳城址 | 同 | 20.9×26.6 |
| 13 | 238 | 松島焼島ヨリ塩焼島 | 同 | 20.6×26.6 |
| 14 | 237 | 多賀城址壺碑 | 同 | 20.8×26.6 |
| 15 | 242 | 盛岡明治橋（北上川） | 同 | 20.8×26.6 |
| 16 | 240 | 北上川原泉（弓削泉） | 同 | 20.9×26.7 |
| 17 | 244 | 末ノ松山（一名浪打峠） | 同 | 20.7×26.8 |
| 18 | | 清水川村ノ図 | 同 | 19.1×23.5 |
| 19 | 247 | 尻矢岬燈台 | 明治初期 | 20.6×26.7 |
| 20 | 249 | 青森海岸 | 明治9年 | 20.8×26.6 |
| 21 | 292 | 函館市 | 同 | 21.0×26.9 |
| 3 | | 明治10年明治天皇畿内行幸写真 | | |
| 1 | 126 | 神戸港 | 明治10年 | 10.0×14.0 |
| 2 | 122 | 湊川神社● | 同 | 20.9×26.6 |
| 3 | 79 | 孝明天皇後月輪山山陵 | 同 | 14.3×18.8 |
| 4 | 78 | 二条城●（口絵3） | 同 | 20.9×26.7 |
| 5 | 100 | 北野天満宮● | 同 | 21.0×26.7 |
| 6 | 102 | 伏見稲荷● | 同 | 21.0×26.7 |
| 7 | 104 | 畝火山山陵 | 同 | 21.3×26.2 |
| 8 | 105 | 南部宝隆寺五重塔［南都法隆寺五重塔］ | 同 | 18.7×14.0 |
| 9 | 108 | 堺妙国寺ノ蘇鉄● | 同 | 21.0×26.5 |
| 10 | 119 | 住吉ノ反橋●（口絵6） | 同 | 20.9×26.6 |
| 11 | 110 | 大坂城●（口絵4） | 同 | 21.0×26.7 |
| 12 | 117 | 大坂造幣寮●（口絵8） | 同 | 21.0×26.7 |
| 13 | 113 | 大坂川口ノ景●（口絵9） | 同 | 21.0×26.5 |
| 14 | 118 | 天王寺ノ塔●（口絵7） | 同 | 21.0×26.9 |
| 15 | 82 | 西京嵐山渡月橋 | 同 | 19.0×23.6 |
| 16 | 101 | 山城梅畑村 | 同 | 10.0×14.0 |
| 17 | 96 | 西京三十三間堂● | 明治10年 | 21.0×26.7 |
| 18 | 85 | 西京四条 | 同 | 18.9×23.9 |
| 19 | 86 | 四条橋●（口絵2） | 同 | 20.9×26.7 |
| 20 | 94 | 通天橋 | 同 | 21.1×26.7 |
| 21 | 90 | 金閣寺 | 同 | 9.4×13.8 |
| 22 | 76 | 紫宸殿●（口絵1） | 同 | 21.0×26.5 |
| 23 | 77 | 皇城御苑 | 同 | 21.0×26.7 |
| 4 | | 明治11年明治天皇北陸・東海両道巡幸写真 | | |
| 1 | 195 | 碓氷峠堀切沢屏風岩 | 明治11年 | 21.0×26.9 |
| 2 | 225 | 屋代篠ノ井間舟橋 千隈川 | 同 | 21.0×26.9 |
| 3 | 264 | 出雲崎駅海岸及弥彦山遠景 | 同 | 20.8×26.8 |
| 4 | 256 | 新潟港 | 同 | 21.0×26.9 |
| 5 | 261 | 阿賀野川●（口絵10） | 同 | 21.0×26.7 |
| 6 | 260 | 新津駅在田野村 石油沸壺之図 | 同 | 21.1×26.9 |
| 7 | 253 | 外波市振駅ノ間海岸（俗ニ親不知） | 同 | 21.1×26.9 |
| 8 | 255 | 今石動駅 倶利加羅峠 | 同 | 21.1×26.9 |
| 9 | 258 | 金沢旧城三之丸 | 同 | 21.0×26.9 |
| 10 | 262 | 藤島神社 | 同 | 20.9×26.7 |
| 11 | 189 | 石山寺ト琵琶湖 | 同 | 21.0×26.9 |
| 12 | 188 | 唐崎松 | 同 | 21.0×26.9 |
| 13 | 190 | 琵琶湖竹生島 | 同 | 21.0×26.9 |
| 14 | 192 | 長良川ヨリ金花山ノ遠景 | 同 | 21.0×26.9 |
| 15 | 139 | 佐世中山ヨリ無間山ノ景 | 同 | 21.0×26.9 |
| 16 | 141 | 金谷駅及大井川 | 同 | 21.0×26.9 |
| 17 | 142 | 宇都谷峠隧道 | 同 | 21.0×26.9 |
| 18 | 144 | 奥津海辺ヨリ三保松原遠景 | 同 | 21.0×26.9 |
| 19 | 149 | 久能山 | 同 | 21.0×26.9 |
| 20 | 145 | 富士川 | 同 | 21.0×26.9 |
| 21 | 154 | 熱海山之湯滝 | 明治初期 | 21.0×26.9 |
| 22 | 155 | 熱海川原湯 | 同 | 15.3×20.9 |
| 23 | 163 | 江ノ島 | 同 | 21.0×26.9 |
| 24 | 169 | 鴻ノ台遠景 | 同 | 21.0×26.9 |
| 5 | | 明治13年明治天皇山梨・三重両県巡幸写真 | | |
| 1 | 246 | 奥州塩屋峠［信州塩尻峠］ | 明治13年 | 10.0×14.0 |
| 2 | 218 | 御嶽山新道石門ノ瀑泉 | 同 | 14.2×18.7 |
| 3 | 127 | 伊勢大神宮 | 同 | 14.3×18.8 |
| 6 | | 明治14年明治天皇北海道・出羽巡幸写真 | | |
| 1 | 298 | 小樽堺立岩ノ景 | 明治14年 | 21.1×27.0 |
| 2 | 297 | 札幌郡豊平川 | 同 | 21.0×26.8 |
| 3 | 303 | 千年村土人（アイヌ） | 同 | 21.0×26.8 |
| 4 | 301 | 勇払郡植苗村 | 同 | 21.0×26.8 |
| 5 | 294 | 新室蘭港 | 同 | 21.0×26.7 |
| 6 | 295 | 新室蘭ヲイナヲシ浜 | 同 | 21.0×26.6 |
| 7 | 7 | アイヌ三人像 | 明治時代 | 27.0×21.9 |
| 8 | 8 | アイヌ舎 | 同 | 20.9×27.1 |
| 9 | 359 | アイヌ熊祭り | 同 | 10.3×9.2 |
| 10 | 360 | ［アイヌ男女］ | 同 | 14.6×10.0 |
| 11 | 361 | アイヌ室内 | 同 | 10.6×14.0 |
| 12 | 362 | アイヌ | 同 | 10.3×13.8 |
| 7 | | 明治21年福島県磐梯山噴火写真 | | |
| 1 | 226 | 磐梯山頂上噴火 | 明治21年 | 20.3×26.2 |
| 2 | 231 | 磐梯山噴火ノ為メ民家破壊ノ図 | 明治21年 | 20.4×26.4 |
| 8 | | 明治24年濃尾大地震被害写真 | | |
| 1 | 43 | 名古屋城天守閣及清須櫓地震后ノ図 | 明治24年10月28日 | 21.2×27.1 |
| 2 | 64 | 名古屋城罹災実景ノ図 | 同 | 21.0×27.1 |
| 3 | 9 | 名古屋根木町 | 同 | 9.7×13.7 |
| 4 | 10 | ナコヤ、ヒロコージ | 同 | 9.8×13.4 |
| 5 | 11 | ナコヤヒロコージ | 同 | 9.6×13.4 |
| 6 | 65 | 名古屋広小路筋仮小屋避難ノ図 | 同 | 21.2×27.1 |
| 7 | 12 | ナコヤ本町 | 同 | 9.7×13.3 |
| 8 | 13 | ナコヤ清水町 | 同 | 9.8×13.5 |
| 9 | 14 | ナコヤシミズ町 | 同 | 9.6×13.4 |
| 10 | 38 | 名古屋郵便電信局破壊ノ図 | 同 | 21.2×27.1 |
| 11 | 70 | 大曽根坂下家屋崩壊ノ図 | 同 | 21.3×27.1 |
| 12 | 41 | 庄内川堤防ヨリ名古屋市街破壊ノ遠景 | 同 | 21.2×27.2 |
| 13 | 39 | 熱田町尾張紡績場器械所破壊ノ図 | 同 | 21.2×27.1 |
| 14 | 40 | 熱田町尾張紡績場裏面破壊ノ図 | 同 | 21.2×27.2 |
| 15 | 69 | 愛知郡熱田神戸家屋崩壊ノ図 | 同 | 21.2×27.2 |

| | 史料番号 | 原表題 | 年代 | 法量（cm） |
|---|---|---|---|---|
| 16 | 15 | ビワシマ | 明治24年10月28日 | 9.6×13.3 |
| 17 | 16 | ビワシマ | 同 | 9.9×13.5 |
| 18 | 42 | 庄内川枇杷島橋落橋ノ図 | 同 | 21.1×27.1 |
| 19 | 44 | 西春日井郡西枇杷島町鉄道アーチ破壊ノ図 | 同 | 21.1×27.1 |
| 20 | 47 | 西春日井郡西枇杷島町震災実景 | 同 | 21.1×27.1 |
| 21 | 62 | 西春日井郡西枇杷島町焼跡ノ図 | 同 | 21.3×27.2 |
| 22 | 46 | 西春日井郡西枇杷島町於テ第三師団兵死体掘索ノ図 | 同 | 21.2×27.1 |
| 23 | 63 | 西春日井郡役所門前道路破壊ノ図 | 同 | 21.3×27.3 |
| 24 | 56 | 西春日井郡下小田井村堤防破壊家屋ノ間陥落ノ図 | 同 | 21.3×27.1 |
| 25 | 57 | 西春日井郡下小田井村堤防破壊ノ図 | 同 | 21.1×27.1 |
| 26 | 58 | 西春日井郡下小田井村堤防大破壊ノ図 | 同 | 21.0×27.0 |
| 27 | 59 | 西春日井郡下小田井村堤防突出ノ図 | 同 | 21.1×27.1 |
| 28 | 60 | 西春日井郡下小田井村堤防ニ於テ避難ノ図 | 同 | 21.1×27.1 |
| 29 | 61 | 西春日井郡下小田井村家屋陥没ノ図 | 同 | 21.1×27.1 |
| 30 | 48 | 西春日井郡二ツ杁道路亀裂ノ図 | 同 | 21.2×27.1 |
| 31 | 49 | 西春日井郡清洲本丸ノ図 | 同 | 21.2×27.3 |
| 32 | 50 | 西春日井郡清洲本町被害ノ図 | 同 | 21.2×27.1 |
| 33 | 17 | キヨス | 同 | 9.7×13.3 |
| 34 | 18 | キヨス | 同 | 9.9×13.5 |
| 35 | 45 | 西春日井郡川中島道路亀裂ノ図 | 同 | 21.1×27.0 |
| 36 | 51 | 丹羽郡多加木村筋違橋突出ノ図 | 同 | 21.1×27.1 |
| 37 | 19 | 一ノ宮 | 同 | 9.8×13.5 |
| 38 | 20 | 一ノ宮 | 同 | 9.8×13.8 |
| 39 | 52 | 中島郡一宮町震災ノ図 | 同 | 21.1×27.1 |
| 40 | 67 | 中島郡一宮町憲兵屯所傾向ノ図 | 同 | 21.2×27.1 |
| 41 | 66 | 真清田神社勅使殿及拝殿床下地割ニ噴水傾向ノ図 | 同 | 21.1×27.2 |
| 42 | 53 | 中島郡国幣真清田神社山門前人民避難ノ図 | 同 | 21.1×27.2 |
| 43 | 54 | 葉栗郡黒田村窮民焚出場ノ図 | 同 | 21.1×27.1 |
| 44 | 55 | 葉栗郡北方村震災及道路被破壊ノ図 | 同 | 21.1×27.1 |
| 45 | 21 | キタガタ | 同 | 9.7×13.5 |
| 46 | 68 | 海東郡津島町民天王川堤ニ避難ノ図 | 同 | 21.1×27.2 |
| 47 | 71 | 岐阜県笠松全焼第一ノ図 | 同 | 21.1×27.2 |
| 48 | 72 | 岐阜県笠松全焼第二ノ図 | 同 | 21.1×27.1 |
| 49 | 73 | 木曾川東岸ヨリ笠松全焼ヲ遠望ノ図 | 同 | 21.2×27.1 |
| 50 | 22 | カサマツ出口 | 同 | 9.7×13.3 |
| 51 | 23 | キフ入口 | 同 | 9.7×13.4 |
| 52 | 24 | キフ | 同 | 9.8×13.3 |
| 53 | 25 | キフ火ジバ | 同 | 9.5×13.4 |
| 54 | 26 | キフ火ジバ | 同 | 9.4×13.5 |
| 55 | 27 | カガ村港口 | 同 | 9.7×13.3 |
| 56 | 28 | ナカラ川 | 同 | 9.8×13.3 |
| 57 | 29 | 美江寺 | 同 | 9.6×13.6 |
| 58 | 30 | 大垣入口 キフヨリ | 同 | 9.5×13.3 |
| 59 | 31 | 大垣火ジバ | 同 | 9.9×13.5 |
| 60 | 32 | 竹ケ鼻入口 大垣ヨリ | 同 | 9.7×13.3 |
| 61 | 33 | 竹ケ鼻出口 | 同 | 9.7×13.5 |
| 62 | 34 | 玉ノ井村 | 同 | 9.9×13.6 |
| 63 | 35 | 長間村 | 同 | 9.9×13.4 |
| 64 | 36 | 長間村 | 同 | 9.6×13.5 |
| 65 | 37 | 加ノ一村 | 同 | 9.7×13.4 |

9　明治26・29年郡司成忠海軍大尉・報効義会写真

| | 史料番号 | 原表題 | 年代 | 法量（cm） |
|---|---|---|---|---|
| 1 | 史料館 90-1 | 明治26年3月22日長浦にて郡司大尉北航艇一行の記念撮影 | 明治26年3月22日 | 21.1×27.0 |
| 2 | 90-2 | 明治二十九年報効義会員 | 明治29年 | 21.2×27.3 |
| 3 | 90-3 | ［海軍水兵との記念写真］ | | 20.9×27.1 |
| 4 | 92-27 | ［日の丸前集合写真］ | | 10.4×14.8 |
| 5 | 92-26 | 岡山の有志 | | 10.8×15.2 |
| 6 | 92-1 | 占守丸 | | 7.3× 9.9 |
| 7 | 92-3 | 報効丸 占守丸 | | 7.7× 9.9 |
| 8 | 92-8 | 幌莚海碇泊中の報効丸 占守丸 | | 7.0×10.1 |
| 9 | 92-4 | ［航行中の様子］ | | 7.6× 9.9 |
| 10 | 92-28 | ［汽船］ | | 10.7×14.3 |
| 11 | 92-2 | ［カッター］ | | 9.9× 7.6 |
| 12 | 92-5 | ［洋上での作業］ | | 7.0× 9.9 |
| 13 | 92-7 | ［洋上での作業］ | | 7.4× 9.8 |
| 14 | 92-6 | 瀬戸内海ニ於ル大和形船 | | 6.5× 9.8 |
| 15 | 92-29 | 長呂丸ニテ | | 10.0×14.2 |

| | 史料番号 | 原表題 | 年代 | 法量（cm） |
|---|---|---|---|---|
| 16 | 92-45 | ［船上の人］ | | 10.2×14.0 |
| 17 | 92-11 | 報効丸船長榊原船長 | | 9.8× 7.0 |
| 18 | 92-18 | 榊原船長　木村清吉 | | 9.8× 7.0 |
| 19 | 92-15 | 石川丸甲板上の中川船長 | | 9.8× 7.0 |
| 20 | 92-16 | 占守丸船長安岡氏 | | 9.7× 7.0 |
| 21 | 92-20 | 水夫と安岡船長 | | 9.6× 7.0 |
| 22 | 92-24 | 明治三十七年郡司大尉ト共ニ堪察加ニ於テ露人ニ捕ハレタル医者小田直太郎氏 | | 9.1× 5.9 |
| 23 | 92-10 | 岡野新吉　カムチヤツカニテ死せたる貝 | 明治34年10月29日 | 10.8× 6.6 |
| 24 | 92-9 | 岡野新吉　明治三十七年郡司大尉ト共ニ堪察加ニ於テ捕ハレ殉難セン | | 9.8× 7.0 |
| 25 | 92-19 | 木村清吉と厨夫 | | 7.0× 9.7 |
| 26 | 92-14 | 国府孝作 | | 9.7× 7.0 |
| 27 | 92-13 | 報効義会会員　故国府孝作 | | 9.6× 7.0 |
| 28 | 92-17 | 報効義会会員　故澤田三郎君 | | 8.6× 5.6 |
| 29 | 92-21 | 報効義会会員　故町田清四郎　明治三十三年温禰古丹島ニテ撮影 | 明治33年 | 9.7× 7.0 |
| 30 | 92-23 | 韓国馬養島海岸ニテ占守丸乗組通弁及船員 | | 7.0×10.1 |
| 31 | 92-32 | 国の瀬と申家大工 | | 10.0×14.4 |
| 32 | 92-31 | 明治三十三年谷玖満子　五十七歳 | 明治33年 | 9.7×13.3 |
| 33 | 92-30 | 愛子・縞子 | | 10.4×14.7 |
| 34 | 92-44 | ［占守島報効村の冬籠り］ | | 9.8×14.3 |
| 35 | 101 | シャコタン村長ヤコブ | | 14.0×10.0 |
| 36 | 92-25 | 色丹島土人風俗 | | 10.1× 7.0 |
| 37 | 92-39 | ヤヴィナ土民 | | 10.5×14.7 |
| 38 | 92-36 | 占守島干潮時 | | 14.7×10.5 |
| 39 | 92-48 | 占守島干潮時片岡湾北岸 | | 10.5×14.8 |
| 40 | 92-53 | 瀑の下露出礁 | | 10.6×14.9 |
| 41 | 92-54 | 瀑の下干潮時　昆布 | | 10.5×14.8 |
| 42 | 92-43 | バイケイソウ | | 10.5×14.7 |
| 43 | 92-35 | 占守島採取ヶ原 | | 9.5×13.6 |
| 44 | 92-41 | ［占守島採取ヶ原の植物］ | | 10.5×14.8 |
| 45 | 92-46 | キバナシャクナゲ・ミヤマハンノキ | | 10.5×14.7 |
| 46 | 92-50 | エゾノコザクラ | | 10.5×14.7 |
| 47 | 92-49 | 占守島採取ヶ原の美観 イハムメ | | 10.5×14.7 |
| 48 | 92-51 | イハヒゲ | | 10.4×14.8 |
| 49 | 92-37 | 勘察加鮭後水際ニ遺棄セルは鱒也 | | 10.4×14.8 |
| 50 | 92-40 | 勘察加ニ於テ | | 10.5×14.7 |
| 51 | 92-47 | 勘察加天幕生活 | | 10.4×14.7 |
| 52 | 92-33 | オゼルナヤ河口 | | 10.5×14.8 |
| 53 | 92-34 | 温禰古丹島 | | 10.5×14.7 |
| 54 | 92-42 | 北千島の花況　はくさんいちゲ | | 10.4×14.7 |
| 55 | 92-38 | 択捉島単冠湾ラッコジマ | | 10.2×14.8 |
| 56 | 92-52 | ［巌恋温泉場］ | | 10.5×13.8 |

10　明治32年頃江田島海軍兵学校写真

| | 史料番号 | 原表題 | 年代 | 法量（cm） |
|---|---|---|---|---|
| 1 | 379 | 江田島兵学校 | 明治時代 | 20.6×25.9 |
| 2 | 989 | ［江田島兵学校運動場］ | 明治39年8月受贈 | 20.4×27.0 |
| 3 | 380 | ［運動場整列］ | 明治時代 | 20.6×27.3 |
| 4 | 381 | ［運動場での訓練（一）］ | 同 | 20.7×27.3 |
| 5 | 382 | ［運動場での訓練（二）］ | 同 | 20.8×27.3 |
| 6 | 385 | 野砲発砲と中隊四列射撃 | 同 | 20.7×28.6 |
| 7 | 387 | ［発砲訓練］ | 明治時代 | 21.1×27.6 |
| 8 | 388 | ［発砲訓練］ | 同 | 20.8×28.1 |
| 9 | 384 | ［野砲発砲訓練］ | 同 | 20.8×28.7 |
| 10 | 383 | 砲台操煉 | 明治32年11月28日 | 20.8×27.9 |
| 11 | 386 | ［砲台操煉］ | 同 | 20.9×27.8 |
| 12 | 389 | ［艦内訓練］ | 同 | 20.8×28.0 |

11　明治35年八甲田山第三十一連隊雪中行軍写真

| | 史料番号 | 原表題 | 年代 | 法量（cm） |
|---|---|---|---|---|
| 1 | 401 | ［雪中行軍出発当日ノ休憩］ | 明治35年1月20日 | 10.0×14.3 |
| 2 | 402 | ［黒倉山通過時ノ難路状況］ | 明治35年1月20日 | 14.3×10.0 |
| 3 | 403 | ［行軍隊琵琶台通過ノ状況］ | 明治35年1月21日 | 10.0×14.3 |
| 4 | 404 | ［雪中行軍隊十和田山中ノ渓谷下降状況］ | 明治35年1月22日 | 10.0×14.3 |
| 5 | 405 | ［倉手山断崖ノ氷笋ヲ看テノ休憩］ | 明治35年1月26日 | 10.0×14.3 |

| | 史料番号 | 原表題 | 年代 | 法量(cm) |
|---|---|---|---|---|
| 12 | | 明治42年島根県美保神社写真 | | |
| 1 | 1468 | 美保神社左殿・右殿 | 明治42年8月 | 26.2×21.5 |
| 2 | 1469 | 神跡 沖御前・地御前 | 同 | 10.0×14.0 |
| 3 | 1471 | 蒼柴垣神事 出船 四月七日 | 同 | 20.7×26.3 |
| 4 | 1470 | 蒼柴垣神事 上陸 四月七日 | 同 | 20.7×26.4 |
| 5 | 1472 | 諸手船神事 行列 十二月三日 | 同 | 20.7×26.4 |
| 6 | 1473 | 諸手船神事 応答 十二月三日 | 同 | 20.7×26.4 |
| 13 | | 明治42年大阪市北区大火被害写真 | | |
| 1 | 歴地標37-1 | (大阪ノ大火其一)中之島公園ヨリ見タル控訴院、猛火愈々迫ル | 明治42年7月31日 | 9.1×14.3 |
| 2 | 37-2 | (大阪ノ大火其二)天満天神裏焼ケ跡全景 | 同 | 9.1×14.1 |
| 3 | 37-3 | (大阪ノ大火其三)避難者難波橋ヲ経テ中之島公園ニ荷物運搬ノ光景 | 同 | 9.1×14.1 |
| 4 | 37-4 | (大阪ノ大火其四)半焼失シ大江橋ヨリ見タル控訴院幷ニ北署ノ惨状 | 同 | 9.1×14.1 |
| 5 | 37-5 | (大阪ノ大火其五)福島方面全焼ノ惨状 猛火一掃満目荒涼 | 同 | 9.1×14.1 |
| 6 | 37-6 | 大阪日報社火災後ノ惨況 | 同 | 9.1×14.1 |
| 7 | 37-7 | 工兵隊大江橋架設工事 其一 | 同 | 9.0×14.1 |
| 8 | 37-8 | 工兵隊大江橋架設工事 其二 | 同 | 9.1×14.1 |
| 9 | 37-103 | (大坂大火)お初天神附近ノ惨状 | 同 | 9.2×14.1 |
| 10 | 37-104 | (大阪大火)桜橋ヨリ北新地ヲ望ム | 同 | 902×14.1 |
| 11 | 37-105 | (大阪市未曾有ノ大火)知事官舎附近 | 同 | 8.9×14.1 |
| 12 | 37-106 | 焼失シタル福島五百羅漢 | 同 | 9.1×14.1 |
| 13 | 37-107 | 大阪市北区大火災中央ノ惨況 | 同 | 9.1×14.2 |
| 14 | 37-108 | 北ノ新地桜橋焼落後船渡光景 | 同 | 9.1×14.3 |
| 15 | 37-109 | (大阪市北区未曾有ノ大火)出入橋以西ノ惨状 | 同 | 9.1×14.3 |
| 16 | 37-110 | (北区大火)大江橋荷物運搬実況 | 同 | 9.1×14.2 |
| 17 | 37-111 | (大阪市未曾有ノ大火)中ノ島軍隊ノ応援幷ニ避難者 | 同 | 9.0×14.1 |
| 18 | 37-112 | (大坂大火)堂島及北ノ新地ヲ望ム | 同 | 9.1×14.1 |
| 19 | 37-113 | (北区大火)堂島附近焼失実況 | 同 | 9.1×14.1 |
| 20 | 37-114 | 大阪曾根崎新地火災後ノ惨況 | 同 | 9.0×14.3 |
| 21 | 37-115 | 福島附近惨状 | 同 | 9.1×14.3 |
| 22 | 37-116 | 福島の焼止り | 同 | 9.1×14.3 |
| 23 | 37-118 | (天満大火ノ内)堂島二丁目柳橋西詰ヨリ東ヲ向テ撮影 | 同 | 14.1×9.1 |
| 14 | | 明治43年東京等大水害写真 | | |
| 1 | 歴地標37-9 | 明治四十三年八月大洪水 日本橋浜町河岸ノ浸水 | 明治43年8月 | 9.1×14.1 |
| 2 | 37-11 | 明治四十三年八月大洪水 日本橋浜町河岸ノ浸水 | 同 | 9.1×14.1 |
| 3 | 37-10 | 明治四十三年八月大洪水 日本橋浜町河岸より両国橋を望む | 同 | 9.1×14.1 |
| 4 | 37-12 | 明治四十三年八月十二日東京市ノ大洪水惨害 築地本願寺ニ於ケル罹災民ノ散髪 | 同 | 9.0×14.1 |
| 5 | 37-13 | 東京大洪水 日野西侍従水害地視察 罹災民慰問ノ為国技館臨場之光景 | 同 | 9.1×14.1 |
| 6 | 37-14 | 六十年来未曾有大洪水の帝都 惨害を蒙りたる避難者国技館収容人員一万五千人 呼鳴人生の最大悲惨事 | 同 | 9.1×14.2 |
| 7 | 37-15 | 明治四十三年八月大洪水惨況 両国停車場前軍隊ノ炊出シ | 同 | 9.1×14.1 |
| 8 | 37-16 | 明治四十三年八月十二日東京市ノ大洪水惨害 両国停車場前ニ於ケル軍隊ノ炊出ノ光景 | 同 | 9.1×14.1 |
| 9 | 37-17 | 四十三年大洪水紀念八月十五日ノ実況 陸海軍ノ救助応援 深川区内 | 同 | 9.1×14.1 |
| 10 | 37-18 | 六十年来未曾有大洪水の帝都 深川猿江方屋上避難者ニ糧食救与 陸上浸水五尺余 | 同 | 9.1×14.2 |
| 11 | 37-19 | 香取水兵飲料水救与 深川猿江町附近 | 同 | 9.1×14.1 |
| 12 | 37-21 | 東京市内大洪水 防水中ノ吾妻橋 濁流橋ヲ流サントス | 同 | 9.1×14.3 |
| 13 | 37-20 | 東京大洪水 吾妻橋附近の浸水 | 同 | 9.1×14.1 |
| 14 | 37-22 | 大洪水惨況 吾妻橋附近之浸水 | 同 | 9.1×14.0 |
| 15 | 37-23 | 明治四十三年八月下稀有ノ大洪水 隅田川ノ汎濫吾妻橋附近ノ光景 | 同 | 9.1×14.2 |
| 16 | 37-24 | 明治四十三年八月下稀有ノ大洪水 下谷金杉道路ノ浸水 | 明治43年8月 | 9.1×14.2 |
| 17 | 37-25 | 六十年来未曾有大洪水の帝都 下谷区入谷町方面大惨害決死隊婦女子救助陸上浸水六尺余 | 同 | 9.1×14.3 |
| 18 | 37-26 | 四十三年大洪水紀念八月十二日ノ実況 下谷車坂附近 | 同 | 9.1×14.3 |
| 19 | 37-27 | 大洪水惨況 浅草吉野橋附近之浸水 | 同 | 9.1×14.0 |
| 20 | 37-28 | 明治四十三年八月大出水実況 浅草田中町 | 同 | 9.1×14.1 |
| 21 | 37-29 | 東京市内大洪水 浅草公園ノ大浸水実況 | 同 | 9.1×14.1 |
| 22 | 37-31 | 東京市内大洪水 浅草公園ノ大浸水実況 | 同 | 9.1×14.1 |
| 23 | 37-32 | 東京市内大洪水 浅草公園ノ大浸水実況 | 同 | 9.1×14.1 |
| 24 | 37-30 | 東京市大洪水 浅草本願寺境内之大浸水 | 同 | 9.1×14.1 |
| 25 | 37-33 | 大洪水惨況 浅草公園之浸水 | 同 | 9.1×14.1 |
| 26 | 37-34 | 明治四十三年八月 東京大洪水本所南割下水附近ノ実況 | 同 | 9.1×14.1 |
| 27 | 37-35 | 明治四十三年八月大洪水 本所小学校避難所附近の惨状 | 同 | 9.1×14.1 |
| 28 | 37-36 | 東京市大洪水 明治四十三年八月十二日 本所停車場附近貨車中ノ避難ノ惨況 | 同 | 9.1×14.1 |
| 29 | 37-37 | 大洪水惨況 本所業平橋附近之浸水 | 同 | 9.1×14.1 |
| 30 | 37-38 | 明治四十三年八月大洪水惨況 本所石原町船の郵便配達 | 同 | 9.1×14.3 |
| 31 | 37-39 | 六十年来未曾有大洪水の帝都 本所押上町方面屋上生活絶食数日救助船糧食給与 陸上浸水八尺余 | 同 | 9.1×14.2 |
| 32 | 37-40 | 東京大洪水 本所押上町の大浸水 | 同 | 9.1×14.1 |
| 33 | 37-41 | 明治四十三年八月 東京大洪水本所三ツ目附近ノ実況 | 同 | 9.1×14.1 |
| 34 | 37-42 | 明治四十三年八月十二日東京市ノ大洪水惨害 本所亀沢町方面ノ濁流 | 同 | 9.1×14.1 |
| 35 | 37-43 | 明治四十三年八月 東京大洪水本所三ツ目小学校前工兵助船ノ実況 | 同 | 9.1×14.1 |
| 36 | 37-44 | 明治四十三年八月 東京大洪水本所石原町郵便局附近ノ実況 | 同 | 9.1×14.1 |
| 37 | 37-45 | 大洪水惨況 本所亀沢町罹災民避難之実景 | 同 | 9.1×14.0 |
| 38 | 37-46 | 六十年来未曾有大洪水の帝都 本所亀沢町方面汎濫陸上浸水五尺余 | 同 | 9.1×14.2 |
| 39 | 37-47 | 六十年来未曾有大洪水の帝都 日野西侍従及亀井警視総監一行慰問せらる 幾万の罹災者聖恩に涕泣す | 同 | 9.1×14.2 |
| 40 | 37-48 | 六十年来未曾有大洪水の帝都 本所緑町方面に於ける水兵隊濁流中の活躍 | 同 | 9.1×14.3 |
| 41 | 37-49 | 明治四十三年八月大出水実況 御勅使日野西侍従一行 | 同 | 9.1×14.1 |
| 42 | 37-50 | 東京大洪水 近衛兵炊出シ之光景 | 同 | 9.1×14.0 |
| 43 | 37-51 | 明治四十三年八月 東京江戸川附近ノ大洪水 石切橋ノ実況 | 同 | 9.1×14.1 |
| 44 | 37-52 | 明治四十三年八月 東京江戸川附近ノ大洪水 大曲ヨリ見タル実況 | 同 | 9.1×14.1 |
| 45 | 37-53 | 明治四十三年八月 東京江戸川ノ大洪水 電車終点附近ノ実況 | 同 | 9.1×14.0 |
| 46 | 37-54 | 東京大洪水 大川端厩橋附近之浸水 | 同 | 9.1×14.1 |
| 47 | 37-55 | 六十年来未曾有大洪水の帝都 本所菊川町方面我家の惨状を外にして可憐児は浸水に戯るる是れ無心無想 | 同 | 14.2×9.1 |
| 48 | 37-57 | 東京市の大洪水 明治四十三年八月十二日 向島堤防決潰 工兵作業之光景 | 同 | 9.1×14.1 |
| 49 | 37-56 | 東京大洪水 向島小梅附近の惨状 | 同 | 9.1×14.1 |
| 50 | 37-58 | 大洪水惨況 向島小梅附近之惨状 | 同 | 9.1×14.1 |
| 51 | 37-59 | 明治四十三年八月東京大出水之実況 向島須崎町 | 同 | 9.1×14.1 |
| 52 | 37-60 | 六十年来未曾有大洪水の帝都 向島引舟方面に於ける増上寺高僧濁水中窮民にパンを与ふ同情の美挙陸上浸水七尺余 | 同 | 9.1×14.2 |
| 53 | 37-61 | 明治四十三年八月都下稀有ノ大洪水 向島堤ヨリ見ル小梅土手下ノ浸水 | 同 | 9.1×14.1 |
| 54 | 37-62 | 東京大洪水 向島須崎町之浸水 避難ノ実況 | 同 | 9.1×14.1 |
| 55 | 37-63 | 東京大洪水 墨堤修築工兵隊応急工事に着手之光景 | 同 | 9.1×14.1 |
| 56 | 37-65 | 明治四十三年八月十二日東京市ノ大洪水惨害 向島牛島神社附近ニ於ケル工兵ノ活動 | 同 | 9.1×14.1 |

| | 史料番号 | 原表題 | 年代 | 法量 (cm) |
|---|---|---|---|---|
| 57 | 37-66 | 東京大洪水 千住停車場附近近衛聯隊鉄舟テ避難者へ食糧運搬ノ光景 | 明治43年8月 | 9.1×14.1 |
| 58 | 37-67 | 東京大洪水 千住新開橋流失之実景 | 同 | 9.1×14.1 |
| 59 | 37-68 | 東京大洪水 千住新開橋流失後跡ノ惨状 | 同 | 9.1×14.1 |
| 60 | 37-69 | 明治四十三年八月大洪水 千住大橋ノ警戒 | 同 | 9.1×14.1 |
| 61 | 37-70 | 明治四十三年八月都下稀有ノ大洪水 南千住浸水ノ惨状 | 同 | 9.1×14.1 |
| 62 | 37-71 | 東京大洪水 日暮里停車場出水中ノ汽車 | 同 | 9.1×14.1 |
| 63 | 37-72 | 四十三年大洪水紀念 八月十三日午前六時雨中ノ実況（三河島附近） | 同 | 9.1×14.1 |
| 64 | 37-73 | 明治四十三年八月都下稀有ノ大洪水 三河島ノ浸水住民汽車中ニ避難ノ惨状 | 同 | 9.1×14.2 |
| 65 | 37-74 | 明治四十三年八月都下稀有ノ大洪水 三河島停車場ヨリ見ル千住方面ノ浸水 | 同 | 9.1×14.2 |
| 66 | 37-75 | 避難者救与 亀井戸天神橋炊出ノ光景 | 同 | 9.1×14.1 |
| 67 | 37-76 | 東京市内大洪水 亀井戸天神出水東門破潰 水深八尺 | 同 | 9.1×14.1 |
| 68 | 37-99 | 東京市内大洪水 亀井戸天神太鼓橋 水深八尺 | 同 | 14.1×9.1 |
| 69 | 37-64 | 東京市内大洪水 亀井戸天神川於ル鉄道員及舟夫 | 同 | 9.1×14.1 |
| 70 | 37-77 | 明治四十三年八月東京大出水之実況 亀井戸附近ノ惨状 | 同 | 9.1×14.1 |
| 71 | 37-78 | 東京市内大洪水 亀井戸天神浸水実況 水深八尺 | 同 | 9.1×14.1 |
| 72 | 37-79 | 東京市内大洪水 亀井戸天神門前ノ惨状 | 同 | 9.1×14.1 |
| 73 | 37-80 | 東京大洪水 亀井戸附近 牛ノ避難 | 同 | 9.1×14.1 |
| 74 | 37-82 | 東京大洪水 小松島流失家屋破壊之惨状 | 同 | 9.1×14.1 |
| 75 | 37-83 | 明治四十三年八月都下稀有ノ大洪水 大森附近電車線路浸水ノ惨状 | 同 | 9.1×14.2 |
| 76 | 37-84 | 大洪水惨況 大森山谷附近之浸水 | 同 | 9.1×14.0 |
| 77 | 37-85 | 明治四十三年八月都下稀有ノ大洪水 大森附近民家崩壊ノ惨状 | 同 | 9.1×14.1 |
| 78 | 37-89 | 明治四十三年八月都下稀有ノ大洪水 大森附近民家流出ノ惨状 | 同 | 9.1×14.1 |
| 79 | 37-87 | 明治四十三年八月都下稀有ノ大洪水 大森八幡橋流出惨状 | 同 | 9.1×14.1 |
| 80 | 37-88 | 明治四十三年八月都下稀有ノ大洪水 蒲田附近ノ浸水住民避難ノ光景 | 同 | 9.1×14.1 |
| 81 | 37-86 | 明治四十三年八月都下稀有ノ大洪水 六郷川汎濫民家流出ノ惨状 | 同 | 9.1×14.1 |
| 82 | 37-91 | 明治四十三年八月大水害 保土ヶ谷隧道附近線路埋没 | 同 | 9.1×14.1 |
| 83 | 37-93 | 明治四十三年八月大水害 藤沢大船間旅客徒走連絡 | 同 | 9.1×14.1 |
| 84 | 37-90 | 明治四十三年八月大水害 藤沢町境川河岸の惨状 | 同 | 9.1×14.1 |
| 85 | 37-92 | 明治四十三年八月大洪水惨況（東海道小田原）酒匂橋ノ流失惨状 | 同 | 9.1×14.1 |
| 86 | 37-94 | 明治四十三年八月大洪水惨況（箱根湯本）早川電柱倒レ線路ノ破壊 | 同 | 9.1×14.1 |
| 87 | 37-100 | 明治四十三年八月大洪水惨況（箱根塔ノ沢）大倉別荘破壊 | 同 | 14.1×9.1 |
| 88 | 37-97 | 明治四十三年八月大洪水惨況（箱根塔ノ沢）福住楼入口破壊ノ惨状 | 同 | 9.1×14.1 |
| 89 | 37-95 | 明治四十三年八月大洪水惨況（箱根塔ノ沢）福住楼破壊ノ惨状 | 同 | 9.1×14.1 |
| 90 | 37-96 | 明治四十三年八月大洪水惨況（箱根塔ノ沢）福住楼流失ノ惨状 | 同 | 9.1×14.1 |
| 91 | 37-102 | 明治四十三年八月大洪水惨況（箱根木賀）崖崩レ | 同 | 14.1×9.1 |
| 92 | 37-101 | 明治四十三年八月大洪水惨況（箱根宮城野）亀屋旅館ノ流失 | 同 | 14.1×9.1 |
| 93 | 37-98 | 明治四十三年八月大洪水惨況（箱根宮城野）早川家屋ノ破壊惨状 | 同 | 9.1×14.1 |

15　明治44年北海道室蘭日本製鋼所写真帖

| | 史料番号 | 原表題 | 年代 | 法量 (cm) |
|---|---|---|---|---|
| 1 | 歴地標10-1 | 明治四十年工場敷地踏査 | | 20.0×27.9 |
| 2 | 10-2 | 明治四十一年一月敷地開鑿中ノ光景 | | 21.2×80.2 |
| 3 | 10-3 | 岩石爆破作業 | | 20.0×27.7 |
| 4 | 10-4 | 明治四十四年工場全景 | | 20.0×27.7 |
| 5 | 10-5 | 明治十四年行幸記念天沢泉 | | 20.0×27.7 |

| | 史料番号 | 原表題 | 年代 | 法量 (cm) |
|---|---|---|---|---|
| 6 | 10-6 | 御旅館（其一） | | 20.0×27.6 |
| 7 | 10-7 | 御旅館（其二） | | 20.0×27.6 |
| 8 | 10-8 | 製図室 | | 20.0×27.7 |
| 9 | 10-9 | 発電所汽缶 | | 20.0×27.7 |
| 10 | 10-10 | 発電機及び汽機 | | 20.0×27.7 |
| 11 | 10-11 | 配電盤 | | 20.0×27.7 |
| 12 | 10-12 | 瓦斯発生炉 | | 20.0×27.7 |
| 13 | 10-13 | 模型作業 | | 20.0×27.7 |
| 14 | 10-14 | 模型用機械之一部 | | 20.0×27.7 |
| 15 | 10-15 | 弐拾五噸炉作業 | | 20.0×27.7 |
| 16 | 10-16 | 熔材投入機 | | 20.0×27.7 |
| 17 | 10-17 | 鋼塊 | | 20.0×27.7 |
| 18 | 10-18 | 熔鉄炉 | | 20.0×27.7 |
| 19 | 10-19 | 材料集散ヤードクレーン | | 20.0×27.7 |
| 20 | 10-20 | 水圧喞筒及汽機 | | 20.0×27.7 |
| 21 | 10-21 | 四千噸水圧喞筒 | | 20.0×27.7 |
| 22 | 10-22 | 四千噸水圧鍛錬機作業 | | 20.0×27.7 |
| 23 | 10-23 | 千噸水圧鍛錬機 | | 20.0×27.7 |
| 24 | 10-24 | 鍛錬用炉 | | 20.0×27.7 |
| 25 | 10-25 | 鋼材 | | 20.0×27.7 |
| 26 | 10-26 | 拾弐噸汽槌 | | 20.0×27.7 |
| 27 | 10-27 | 煙焠用起重機 | | 20.0×27.6 |
| 28 | 10-28 | 分析室 | | 20.0×27.7 |
| 29 | 10-29 | 分析天秤室 | | 20.0×27.7 |
| 30 | 10-30 | 百噸材質試験機 | | 20.0×27.6 |
| 31 | 10-31 | 五拾噸材質試験機 | | 20.0×27.7 |
| 32 | 10-32 | 機械工場之一部 | | 20.0×27.7 |
| 33 | 10-33 | 小機械之一部 | | 20.0×27.7 |
| 34 | 10-34 | 鋼材裁断機 | | 20.0×27.7 |
| 35 | 10-35 | 砲身素削作業 | | 20.0×27.7 |
| 36 | 10-36 | 砲身鑢削作業 | | 20.0×27.7 |
| 37 | 10-37 | 砲身作業 | | 20.0×27.7 |
| 38 | 10-38 | 舶用推進軸鑢削作業 | | 20.0×27.7 |
| 39 | 10-39 | 舶用クランクシャフト焼嵌作業 | | 20.0×27.7 |
| 40 | 10-40 | 平削機械 | | 20.0×27.7 |
| 41 | 10-41 | 尾栓作業 | | 20.0×27.7 |
| 42 | 10-42 | 鑢工作業 | | 20.0×27.7 |
| 43 | 10-43 | 百噸埠頭起重機 | | 20.0×27.7 |
| 44 | 10-44 | 拾噸移動起重機 | | 20.0×27.7 |
| 45 | 10-45 | 移動起重機 | | 20.0×27.7 |
| 46 | 10-46 | 水道配水池 | | 20.0×27.7 |
| 47 | 10-47 | 病院全景 | | 20.0×27.7 |
| 48 | 10-48 | 治療室 | | 20.0×27.7 |
| 49 | 10-49 | 手術室 | | 20.0×27.7 |
| 50 | 10-50 | 雪中遊戯 | | 20.0×27.7 |

16　明治44年東北帝国大学農科大学博物館写真帖

| | 史料番号 | 原表題 | 年代 | 法量 (cm) |
|---|---|---|---|---|
| 1 | 歴地標6-1 | 博物館全景 | | 10.3×14.8 |
| 2 | 6-2 | ひぐま | | 10.3×14.8 |
| 3 | 6-3 | きつね | | 10.3×14.8 |
| 4 | 6-4 | たぬき | | 10.3×14.8 |
| 5 | 6-5 | てん及びいたち | | 10.3×14.8 |
| 6 | 6-6 | べにしか | | 10.3×14.8 |
| 7 | 6-7 | おっとせい | | 10.3×14.8 |
| 8 | 6-8 | とど | | 10.3×14.8 |
| 9 | 6-9 | やまうさぎ | | 10.3×14.8 |
| 10 | 6-10 | おほかみ | | 10.3×14.8 |
| 11 | 6-11 | あざらし | | 10.3×14.8 |
| 12 | 6-12 | わし | | 10.3×14.8 |
| 13 | 6-13 | たか | | 10.3×14.8 |
| 14 | 6-14 | づく ふくろ | | 10.3×14.8 |
| 15 | 6-15 | 水禽 | | 10.3×14.8 |
| 16 | 6-16 | 渉禽 | | 10.3×14.8 |
| 17 | 6-17 | 蝦夷十二鳥 | | 10.3×14.8 |
| 18 | 6-18 | てうづめ | | 10.3×14.8 |
| 19 | 6-19 | 古器物 | | 10.3×14.8 |
| 20 | 6-20 | アイヌ 家具及び宝物 | | 10.3×14.8 |
| 21 | 6-21 | アイヌ 家具 | | 10.3×14.8 |
| 22 | 6-22 | アイヌ 工芸品 | | 10.3×14.8 |
| 23 | 6-23 | アイヌ 漁猟具 | | 10.3×14.8 |
| 24 | 6-24 | アイヌ 熊送り（其一）室内ニ於ケル儀式 | | 10.3×14.8 |
| 25 | 6-25 | アイヌ 熊送り（其二）室外ニ於ケル本儀式 | | 10.3×14.8 |

229

あとがき

　この写真集については巻頭の解説で触れたように、華族会館・宮内省が運営していた旧制学習院で学生の教育・学習のために蒐集され、学習院大学図書館に保管された明治時代から昭和時代前半期にいたる膨大な写真等、ならびに学習院大学史料館が蒐集した古写真の中から、撮影年代をほぼ推定できる明治時代の日本各地での写真を、撮影年代順に配列したものである。

　今日、「明治時代の記憶」というと、明治維新・戊辰戦争・西南戦争・帝国憲法発布・帝国議会開設・日清戦争・日露戦争など政治上の事件が想起されることが多いが、中央集権・富国強兵など日本の独立維持政策の下での一般の人々の生活やその環境も記憶されなければならない。ここに紹介する写真の多くは、明治天皇巡幸・皇太子嘉仁親王（大正天皇）行啓や軍事訓練などに伴い記録された風景や事物、さらに噴火・地震・大火・水害などの災害に遭遇した人々の姿を記録したものであり、この写真集の出版が、明治史研究の一助となれば幸いである。

　学習院大学史料館では、平成15年度から特別研究「非文字資料の保存と研究にむけて」を行っており、その一環として学内で保管されてきた写真資料の保存処理と個別目録の作成を実施してきた。この写真集は、その成果の一部である。写真解説等の執筆に当っては、巻末に掲げた参考文献に拠ったほか、多くの方々から教示・協力を受けたが、なかでも郡司敏麿氏、国立民族学博物館教授佐々木利和氏、宮内庁書陵部編修課長岩壁義光氏、社団法人霞会館理事大久保利泰氏、日本銀行サービス局原田知佳氏、学習院大学図書館運用課広瀬淳子氏・同大学文学部史学科学生河西崇君から多大な教示や協力を得た。また、写真の公開を認められた故田島義博学習院長、永田良昭学習院大学長、荒川一郎同大学図書館長の諸氏に謝意を表する。

　なお、本文の執筆は、学習院大学史料館の下記の者が担当した。
　　　　岡田　茂弘　　　1〜8、10〜14、あとがき
　　　　長佐古美奈子　　解説、15〜16
　　　　藤實　久美子　　9

　　　　　　　　　　　　　　　　　　　　　　　　　　平成18年6月

写真集 明治の記憶─学習院大学所蔵写真
2006年(平成18) 6月30日 第1刷発行

編　者　学習院大学史料館

発行者　前　田　求　恭

発行所　株式会社　吉川弘文館
　　　　郵便番号113-0033
　　　　東京都文京区本郷7丁目2番8号
　　　　電話03-3813-9151〈代表〉
　　　　振替口座東京00100-5-244

印刷＝東京印書館／製本＝誠製本
装幀＝右澤康之

© Gakushuin University Museum of History 2006. Printed in Japan
ISBN4-642-03776-4

R〈日本複写権センター出版物・特別扱い〉
本書の無断複写は、著作権法上での例外を除き禁じられています。本書は、日本複写権センター「出版物の複写利用規程」で定める特別許諾を必要とする出版物です。本書を複写される場合は、すでに日本複写権センターと包括契約をされている方も含め、事前に日本複写権センター(03-340-12381)の許諾を得てください。